coleção  primeiros passos **168**

CB052429

Vicente de Paula Faleiros

# O QUE É
# POLÍTICA SOCIAL

5ª edição, 1991

São Paulo

**editora brasiliense**

1ª edição, 1986
5ª edição, 1991
5ª reimpressão, 2013

Diretora Editorial: *Maria Teresa B. de Lima*
Editor: *Max Welcman*
Produção Gráfica: *Adriana F. B. Zerbinati*
Diagramação: *Adriana F. B. Zerbinati*
Revisão: *Márcia Capola e Fátima L. T. Afonso*
Capa e ilustrações: *Gilberto Miadaira*

**Dados Internacionais de Catalogação na Publicação(CIP)**
**(Câmara Brasileira do Livro, SP, Brasil)**

Faleiros, Vicente de Paula, 1941
   O que é política social / Vicente de Paula Faleiros
-- São Paulo : Brasiliense, 2013. -- (Coleção Primeiros
Passos ; 168)

5ª reimpr. da 5ª ed. de 1991.
ISBN 978-85-11-01168-5

1. Brasil - Política social 2. Política Social
I. Título II. Série.

06-3444                                                      CDD - 361.61

Índices para catálogo sistemático :
   1. Política social: Bem-estar social     361.61

**editora brasiliense ltda.**
Rua Antônio de Barros, 1839 – Tatuapé
Cep 03401-001 – São Paulo – SP
www.editorabrasiliense.com.br

# SUMÁRIO

*À memória de Gercê e Santana, que buscaram mudar o dia a dia de muitos, e à lembrança de Felipe, seu filho, mortos em acidente de trânsito, em João Pessoa, no Natal de 1984.*

# QUEBRANDO OS OVOS

Não se pode fazer a omelete sem quebrar os ovos. Para fazer este livro, tive de quebrar a cabeça e quebrar assuntos e temas que estão inter-relacionados: a fala das políticas sociais, seus mecanismos, sua relação com a economia, com o Estado e as forças sociais e com as crises econômicas. Infelizmente não posso escrever sobre tudo ao mesmo tempo. A você, leitor, cabe fazer a omelete, a nova síntese e análise de todos esses temas.

A ordem de apresentação dos temas obedeceu ao critério de falar primeiro do envelope e depois da carta, primeiro da casca e depois da pílula, primeiro da forma como se apresentam as políticas sociais e depois dos processos e categorias fundamentais que as determinam. Em primeiro lugar, mostro o discurso das políticas sociais e, em seguida, a vinculação entre o político e o econômico.

Na hora de ler você pode começar por onde lhe apeteça, pois o apetite é o melhor tempero da omelete. Trata-se de um prato leve, não se assuste. Fiz apenas uma introdução à análise das políticas sociais, e no final você terá, nas indicações bibliográficas, mais alimento para suas indagações. O assunto, é evidente, não se esgota na bibliografia indicada.

As discussões aumentam é quanto à maneira de se fazer a omelete. A análise das políticas sociais tem muitos caminhos. Aquele por mim escolhido reflete a preocupação de abordar a articulação entre política e economia, no seu conjunto, nas sociedades capitalistas. Viso apresentar a dinâmica das políticas sociais no desenvolvimento e crise do capitalismo e das lutas sociais.

As políticas sociais ora são vistas como mecanismos de manutenção da força de trabalho, ora como conquistas dos trabalhadores, ora como arranjos do bloco no poder ou bloco governante, ora como doação das elites dominantes, ora como instrumento de garantia do aumento da riqueza ou dos direitos do cidadão.

Toda essa diversidade de pontos de vista torna difícil abordar o tema em questão, já que as políticas sociais não podem ser reduzidas a um único esquema. Ao contrário, adotar todas as explicações ao mesmo tempo seria *misturar* receitas sem avaliar resultados.

Neste trabalho, mostro que as políticas sociais *aparecem* como dádivas, relacionando-as em seguida com as exigências do capital para se valorizar e reproduzir a força de trabalho e com as lutas sociais e crises do capitalismo. Esse trabalho de relacionar as lutas dos trabalhadores e as políticas sociais com o Estado e o capitalismo é que nos abre caminho para analisar os atores que produzem a omelete e as condições em que ela é feita.

Cabe agora ao leitor quebrar o gelo e pôr mãos à obra para construir sua própria reflexão, tirar suas conclusões e fazer suas críticas.

# II
# A BONDADE APARENTE

No nosso dia a dia entramos constantemente em contato com as políticas sociais. Todos os empregados e muitos trabalhadores autônomos pagam a Previdência Social. Há vários milhões de mutuários do Banco Nacional de Habitação e milhões de pessoas que estudam nas escolas do governo, frequentam creches ou utilizam serviços do SUS.

Não é só a saúde, a educação e a habitação que compõem as políticas sociais. Cada dia surgem novos programas de assistência ao estudante, ao velho, ao índio, à criança, à mulher, ao deficiente, ao doente, ao prisioneiro, às cidades. Esses programas tornam-se cada vez mais detalhados, alguns tendo como alvo diversos tipos de doença, a lepra, a poliomielite e o câncer.

No âmbito da assistência, muitos são os programas de nutrição e de ajuda a gestantes e migrantes. A Legião Brasileira de Assistência (LBA) distribui leite em pó e dá auxílio a pessoas necessitadas.

Estados e municípios também possuem vários programas sociais, geralmente dirigidos pelas esposas de governadores e prefeitos, as primeiras-damas. Elas organizam chás, festas e competições com o fim de angariar fundos para suas obras.

Há ainda muitos organismos privados que se encarregam de menores, mães solteiras, doentes, velhos, migrantes, mendigos. Uns fornecem alimentos, como sopas e lanches. Outros dão abrigo, por exemplo, recolhendo os mendigos nas ruas durante a noite. Outros oferecem serviços e até mantêm internatos.

Tais organizações privadas recebem subvenções do Estado, de entidades internacionais, de particulares ou de empresas; estas últimas podem inclusive descontar do Imposto de Renda alguns serviços que prestam ou algumas subvenções que oferecem às instituições e aos trabalhadores, como o salário-educação e o vale-refeição. Os organismos privados e estatais estão muito entrosados na administração ou gestão cotidiana dos programas sociais, formando um só conjunto, que alguns autores chamam *Estado ampliado*.

Em geral os programas se apresentam sob a forma de um benefício ou de um serviço. O benefício consiste num auxílio dado em certos casos específicos de perda ou diminuição da capacidade de trabalho a fim de garantir um mínimo de subsistência ao trabalhador ou ao pobre desempregado. O serviço é uma relação entre uma instituição e uma clientela para atender problemas pessoais ou sociais.

Assim, existem na Previdência Social auxílio-natalidade, na ocasião do nascimento de uma criança, auxílio--doença ou auxílio-acidente, quando o trabalhador não tem condições de comparecer às suas atividades no emprego. O presidiário também recebe auxílio e, quando o trabalhador morre, sua família pode beneficiar-se de um auxílio-funeral. Todos esses auxílios são inferiores ao salário do trabalhador, para que este não perca o estímulo de trabalhar e produzir.

Os serviços educacionais, de orientação social, de assistência médica, de ajuda jurídica e outros compõem um conjunto importante de atividades oferecidas pelas instituições sociais. São atividades exercidas por profis-sionais ou técnicos dentro de instituições e obedecem a normas muito detalhadas.

*Os políticos aparecem como benfeitores, embora
geralmente busquem apenas o prestígio.*

Esses auxílios e serviços, mesmo garantidos por lei, geralmente aparecem como favores à população. Assim, são implantados em certas conjunturas políticas, como, por exemplo, para cata de votos ou para prestigiar certos grupos que estão no bloco do poder ou bloco governante.

Através dessas medidas, o Estado e os políticos aparecem como bons para o povo, preocupados com sua situação social, e aparentemente resolvendo seus problemas do dia a dia em relação à doença, à moradia, à educação e à alimentação, que constituem questões de sobrevivência imediata para o trabalhador de hoje.

O trabalhador ou desempregado não pode contar com seus filhos para sustentá-lo quando estiver na velhice, pois as formas de produção atuais destruíram a família extensa que se organizava em torno da economia de subsistência. Essa forma tradicional de produção se refletia no Código Civil, que obrigava os filhos a sustentar os pais na doença e na velhice. A família se constituía e organizava em torno da produção para seu próprio sustento, compondo um grande aglomerado, denominado *família extensa*, que foi desintegrado pelo regime salarial da economia capitalista, em que o indivíduo é contratado pelo capitalista, e não o grupo familiar.

Na forma atual de organização da produção, o indivíduo sobrevive através de um emprego independente e as formas de vida não lhe dão condições de cuidar de velhos e doentes, pois deve viver para trabalhar (e não trabalhar para viver). Assim mesmo, pela perda de condições salariais na aposentadoria, ou na falta delas, muitos velhos só podem sobreviver com a ajuda dos filhos.

A intervenção do Estado na garantia de benefícios e serviços não significa que tenha substituído a família. Apenas articulou as novas condições econômicas e sociais, que mudaram profundamente a vida da família trabalhadora.

O Estado, no entanto, utiliza no caso dos benefícios prestados uma fala que recorre ao modelo familiar para justificar sua política. Vejamos mais detalhadamente estas justificativas.

O sistema da Previdência Social, por exemplo, é organizado em nome da solidariedade social: os jovens aparecem contribuindo para a aposentadoria dos velhos, para o tratamento dos doentes, os empregados para os desempregados, os ativos para os inativos, os solteiros para os casados; neste último caso, está compreendido o salário-família.

Todas essas categorias dão a entender que a sociedade se assemelha a uma grande família que deve viver em harmonia e paz social, uns colaborando com os outros.

Essa ideia de harmonia e colaboração social está subjacente tanto na promoção da caridade privada como nos sistemas mais complexos de seguro social. Este discurso surge na voz dos políticos e em seus escritos.

Getúlio Vargas, chefe do governo de 1930 a 1945 e de 1950 a 1954, colocava em seus pronunciamentos a ideia da colaboração entre patrões e empregados para apresentar suas políticas sociais. Segundo ele, tais políticas viriam diminuir as questões, as disputas e os conflitos entre empregadores e empregados pela garantia de uma "proteção social" em casos de perda do trabalho.

Essas ideias de *proteção social* aos fracos e de colaboração entre patrões, Estado e empregados também serviriam de justificativas ao presidente Bismarck, da Alemanha, na implantação do primeiro sistema previdenciário estatal, em 1871.

A colaboração entre patrões e empregados não visa melhorar as relações entre dois indivíduos, mas reduzir os conflitos entre as classes sociais, agudizados pelas lutas entre as organizações de trabalhadores e os patrões.

Essa proposta de colaboração, no desenvolvimento das políticas sociais, não se restringe às relações dentro das empresas propriamente ditas. Ela diz respeito às relações entre Estado e sociedade.

Com a ampliação da presença do Estado na vida cotidiana, este busca novas formas de relação com as massas para conduzir o processo capitalista no seu conjunto.

Juscelino Kubitschek, chefe do governo de 1955 a 1960, propagava a ideia de desenvolvimento para reforçar a colaboração entre povo e governo, no sentido de ampliar o entrosamento entre Estado e massas. Ele não falava em classes sociais, mas em "gente humilde", gente pobre, de um lado, e em prósperos, de outro.

A ideologia da colaboração está ligada à de proteção social. Esta, na fala dos políticos, visa dar o sentimento de segurança e garantias aos "mais fracos" da sociedade, aos mais desprotegidos, aos carentes, aos marginalizados, aos pobres.

Nesse discurso, a sociedade aparece dividida entre fracos e fortes, pobres e ricos, favorecidos e desfavorecidos pela sorte, encobrindo-se as divisões mais profundas entre exploradores e explorados, dominadores e dominados.

Entre os fracos e débeis acham-se os velhos, os doentes, as crianças, as gestantes, os acidentados e os pobres. No entanto, tal debilidade lhes é atribuída em função da própria natureza humana, e não das condições sociais em que se encontram.

Não é o fato de ser velho ou criança, acidentado ou doente que implica proteção, mas a situação de trabalhador, de operário, de camponês. Porém, no discurso oficial, as políticas aparecem como proteção a determinadas categorias que seriam mais frágeis individualmente.

O economista norte-americano Milton Friedman, que inspira as políticas restritivas e monetaristas do presidente Ronald Reagan, afirma que o Estado só deve ajudar os grupos e as famílias que não possam sustentar-se, isto é, os que ele chama de fracos, como as crianças e os doentes.

Muito antes dele, no século XVIII, um outro economista, Malthus, havia defendido o corte de toda ajuda aos pobres, a fim de reduzir o crescimento da população. A proteção deveria ser algo excepcional, exclusivamente restrita aos inválidos. Aqueles que pudessem trabalhar não deveriam receber ajuda das igrejas ou do Estado; assim, não teriam interesse em aumentar o número de filhos.

As ideias de colaboração de classes e proteção social foram muito defendidas pela Igreja Católica nas encíclicas papais. Leão XIII, em 1891, escreveu uma encíclica, chamada *Rerum Novarum*, em que postula a proteção aos trabalhadores através de certas reformas sociais, como a adoção de um "salário justo", de benefícios sociais e de organizações sindicais. Entre os benefícios sugeridos pelo papa está o repouso dominical.

O papa, ao mesmo tempo, defende intransigentemente a propriedade privada dos meios de produção, aceita a divisão da sociedade entre indefesos e fortes e combate o conceito de luta de classes. Segundo o papa, a proteção ao trabalhador seria uma forma de harmonizar os ricos com os pobres.

Com a expansão do capitalismo, das intervenções do Estado e das lutas sociais, os discursos e as falas também foram mudando. As ênfases foram sendo dadas a outros temas, embora continuem presentes na colaboração e proteção sociais.

Vinculado à expansão do capitalismo encontra-se o desenvolvimento da tecnologia e dos equipamentos de produção, com novos equipamentos de saúde, lazer, transporte, comunicação. As políticas sociais também passaram a significar implantação de áreas de lazer e esporte, escolas, praças, creches, espaços culturais. Um exemplo disso é o programa Esporte Para Todos (EPT), do governo federal.

Num primeiro momento, estes equipamentos se introduziram nas localidades em nome do "desenvolvimento de comunidade", sob a ideologia da colaboração e harmonia de todos. A mudança de hábitos e transferência de novos equipamentos à população eram importantes para integrá-la numa sociedade de consumo e adaptá-la a novas formas de produção.

Como o homem deveria tornar-se mais hábil e mais produtivo diante da tecnologia, apareceu o discurso do investimento no homem, para justificar sua capacitação e sua participação nesse processo. A fabricação de equipamentos de educação e saúde passou a ser considerada pelo "lado humano", como complemento ao crescimento das técnicas e máquinas, como "desenvolvimento de recursos humanos".

A expansão da indústria e da técnica, por sua vez, além de destruir modos de vida próprios de outras formas de economia, por exemplo, a de subsistência, também poluiu cidades, rios e florestas. Para justificar novas intervenções do Estado na ecologia, utiliza-se o discurso da *qualidade da vida*, considerando-se os equipamentos como "melhoria de sua qualidade de vida". A construção de obras coletivas, como água, telefone, luz, esgoto e parques, aparece também sob a justificativa da "qualidade da vida", e, portanto, como obras boas e boas obras para o povo.

Em resumo, a fala e o discurso oficial a respeito de várias intervenções do Estado apresentam as políticas sociais como boas em si mesmas e como bons aqueles que as fazem. Não é raro os políticos que servem de intermediários para essas situações receberem em público os epítetos de generosos, realizadores, preocupados com o bem comum, com a sorte da gente humilde, com a melhoria das condições de vida. Esses agentes falam das necessidades do povo, em minorar seu sofrimento, em melhorar sua sorte através do esforço de cada um.

Além de fazer o povo aceitar e, portanto, legitimar essas intervenções do Estado e de seus agentes, esses discursos fazem a população acreditar na *bondade do sistema* e no *fracasso individual*. A falta de assistência educacional, a falta de nutrição e saúde, a falta de moradia, a falta de emprego, de lazer, a falta de roupas e alimentos, ou seja, a doença, o desemprego e a fome são atribuídos a falhas individuais ou à ausência de sorte na vida, pois com as políticas sociais o sistema surge como atuante e preocupado com todos. Os programas governamentais parecem dar um jeito de integrar os "carentes" no sistema de consumos e equipamentos, ou ao menos oferecem essa perspectiva a médio e longo prazo.

Com esses vários discursos, as classes dominantes tentam obter uma aceitação de suas políticas sociais, colocando ênfase no lado humanista do Estado, na resposta às necessidades e até na participação integrativa do povo no governo.

Essas justificativas ideológicas estão presentes também nos numerosos estudos técnicos sobre "as necessidades" da população, para formulação e ampliação dos projetos e planos dos vários organismos estatais.

O crescimento econômico é apresentado como solução em si mesmo. Por exemplo, o candidato do PDS à Presidência da República, em 1984, afirmava que ia "fazer do trabalhador um sócio do progresso". Este discurso de que, crescendo o bolo, cresce a participação do povo na fatia que lhe corresponde já foi muito ouvido no capitalismo, mas pouco praticado.

A forma como as políticas sociais aparecem nos discursos, nos jornais, nas inaugurações faz parte do imaginário social da interação simbólica ou da ideologia dominante. O imaginário e a interação simbólica são as representações que os homens têm de suas condições de existência, de trabalho, do seu projeto de sociedade e de indivíduo e das políticas existentes.

Todos os programas sociais vindos de cima para baixo são pagos e financiados pelos próprios trabalhadores e se inscrevem num contexto muito mais complexo, que os discursos nem sequer prenunciam, ou melhor, distorcem e camuflam. Vou passar a analisar as políticas sociais nas sociedades capitalistas avançadas, onde mais se desenvolveram.

# AS POLÍTICAS SOCIAIS NO CAPITALISMO AVANÇADO. O *WELFARE STATE* OU ESTADO DE BEM-ESTAR

Nas sociedades capitalistas avançadas há um discurso dominante: o da igualdade. Trata-se da igualdade de oportunidades, ou seja, da garantia do acesso do cidadão a certos bens e serviços na qualidade de cidadão e que por isso é chamado de acesso universal, isto é, sem discriminação de barreiras raciais, partidárias, físicas e religiosas. É o mínimo oferecido a todos.

Os países mais ricos da Europa, capitalistas, adotavam essa forma de garantia dos direitos sociais em circunstâncias diversas e num processo específico de cada um, implantando, em momentos diferentes, suas políticas sociais. O Tratado de Versalhes, no final da Primeira Guerra Mundial (1914-1918), consagrou certos direitos trabalhistas e previdenciários, mas só ao final da Segunda Guerra (1939-1945) é que se generalizou o sistema de proteção social ao indivíduo nas ocasiões em que perdesse sua fonte de renda, exigisse uma suplementação temporária ou se preparasse para ingressar no mercado de trabalho, como é o caso do seguro-desemprego, do salário-família e da formação profissional. Esse sistema de seguridade social garante serviços e benefícios do Estado ao cidadão, desde seu nascimento até sua morte, a partir de contribuições especificadas em lei. É chamado por uns *Welfare State* ou *Estado do Bem-Estar* e, por outros, *Estado de Providência* ou *Estado Assistencial*, pelo qual o Estado garante ao cidadão a oportunidade de acesso gratuito a certos serviços e a prestação de benefícios mínimos para todos. Nos Estados Unidos, esses benefícios dependem de critérios rigorosos de pobreza e os serviços de saúde não são estatizados, havendo serviços de saúde gratuitos apenas para os velhos e pobres.

O "acesso geral" à educação, à saúde e à justiça existente na Europa decorre de *direitos* estabelecidos numa vasta legislação que se justifica em nome da cidadania. O cidadão é um sujeito de direitos sociais que tem igualdade de tratamento perante as políticas sociais existentes.

Entretanto, tal igualdade, no âmbito das políticas sociais, refere-se a um mínimo de garantias para manter a subsistência do indivíduo em circunstâncias de menoridade (abono familiar) ou velhice (assistência à velhice), que, contudo, não altera a distribuição da renda, pois tanto os ricos como os pobres recebem os subsídios universais de infância ou velhice.

Essa garantia decorre do reconhecimento dos direitos da retribuição dos contribuintes e de participação política nos destinos da nação. Ao menos no processo de eleição e votação o indivíduo torna-se *soberano* e o soberano (governante), súdito. A cidadania é o reconhecimento da soberania da nação sobre o Estado, do povo sobre o governo, da sociedade civil sobre as instituições.

Além desses subsídios, nos países de capitalismo central, há também programas especiais: *para os trabalhadores de baixa renda, para os desempregados e para os excluídos do trabalho.*

Os excluídos do trabalho recebem a assistência pública em condições muito especiais. Os desempregados possuem o seguro-desemprego e os trabalhadores de baixa renda têm uma compensação através de suplementação de renda. A seguir, detalho esses três tipos de programas.

Os critérios para ingresso no programa de assistência são preestabelecidos em lei: estar sem poder

*Programas sociais são pagos e financiados
pelos próprios trabalhadores.*

trabalhar (por impossibilidade individual ou social), estar sem seguro-desemprego, sem fonte de renda e com um mínimo "aceitável" de bens. Além disso, é preciso submeter-se à comprovação de carência junto aos agentes de serviço social; isto, para determinar a ajuda, sempre inferior ao salário mínimo. Os jovens capazes de trabalhar são enquadrados em parâmetros de auxílio mais rigorosos que os velhos e incapazes. Apesar de ser considerada um direito, a assistência se apresenta como um estigma, pois é atribuída, após a análise de cada caso, aos "incapazes" de trabalhar, o que vem a tornar-se uma vergonha numa sociedade competitiva e consumista.

O seguro-desemprego não é uma garantia completa e permanente de salário. Ele provém de desconto em folha e é atribuído por um período determinado (no máximo um ano), conforme o tempo de trabalho e a taxa de desemprego, devendo o desempregado comprovar que continua buscando trabalho. A prestação é sempre inferior ao salário do segurado, variando de país para país (por exemplo, nos EUA corresponde a 40% do teto assegurado e na Finlândia chega a 70%). É importante ainda considerar que o desemprego voluntário (se a pessoa pede demissão) não é coberto pelo seguro e que as agências exigem que o desempregado faça cursos de treinamento para reciclar-se.

Hoje em dia esses países estão unificando as diferentes políticas de ajuda ou assistência através de um mecanismo fiscal chamado *garantia de renda mínima* ou *imposto negativo*. Ele é administrado pelo Imposto de Renda. Esse mecanismo, no entanto, não é automático, e consiste no estabelecimento de um limite de renda, denominado *limite de pobreza*, a partir do qual o indivíduo passa a pagar Imposto de Renda. Se tiver renda familiar inferior a esse limite, ele receberá uma prestação do governo a partir de sua declaração de rendimentos para o imposto. Em vez de pagar imposto, recebe um complemento chamado *imposto negativo*.

Não se trata, pois, de uma medida de acesso universal em função da idade ou das condições de cidadania. O imposto negativo fundamenta-se na existência da pobreza, da desigualdade, para possibilitar a sobrevivência dos incapacitados para o trabalho e dos trabalhadores com baixa renda. Ele apenas completa os ganhos até o limite fixado pelo Estado, é claro, inferior ao salário mínimo.

Com isso possibilita-se também o corte de gastos administrativos dispersos em vários programas e a unificação dos programas de assistência, aumentando e centralizando o controle da mesma. Os governos, por sua vez, estimulam o ingresso no mercado de trabalho, complementando os baixos salários desse mercado, e reduzem o valor da assistência anteriormente conquistada pelos pobres, o que acarreta a deterioração das condições de vida da população necessitada.

Apesar das medidas universais, da assistência e do imposto negativo, por exemplo, nos Estados Unidos, nos últimos 40 anos, os 20% mais pobres detiveram somente 5% da renda, o que significa que a situação da pobreza não melhorou no plano interno. No entanto, aumentou o fosso entre a renda *per capita* dos países centrais em relação aos periféricos. Renda *per capita* é o resultado da divisão da renda interna do país pelo número de habitantes desse país.

Como se pode ver, a questão da *igualdade* decantada no discurso não fica resolvida através de medidas de política social. Aliás, na teoria e na prática econômica capitalista liberal, a *liberdade* surge como prioritária em relação à igualdade.

Essa liberdade aparece aos indivíduos como a *livre escolha* tanto do trabalho (patrão) como dos serviços e condições oferecidos pelo Estado. Ilusoriamente, creem eles ser donos de seu destino e depender deles adotar uma ou outra opção, fazendo maior ou menor esforço para superar suas dificuldades. As situações sociais são transformadas em problemas individuais, como se as oportunidades fossem iguais para todos, dominantes e dominados, exploradores e explorados, ricos e pobres, e como se a ascensão social dependesse de cada um.

As formas pelas quais o acesso aos serviços sociais é implementado nos diversos países não são idênticas, variando de acordo com as conjunturas políticas e pressões sociais. Na Inglaterra, por exemplo, há serviços estatais gratuitos que cobrem a perda do trabalho, da renda, do apoio familiar, da saúde, além de oferecer oportunidade de educação, formação profissional, habitação, tratamento psicossocial, assistência judiciária, tratamento da delinquência e desenvolvimento regional e comunitário. O Estado, aos poucos, foi assumindo uma série de prestações de serviços que acompanham o indivíduo do nascimento à morte. No entanto, as alocações familiares são limitadas a 42% da população. Essas medidas foram implantadas pelos liberais progressistas ou pelos trabalhistas; tiveram, porém, a oposição dos conservadores, que as combatiam em nome do mercado, do *laissez-faire*, isto é, da liberdade sem restrições para a produção e o comércio. Os conservadores defendem um liberalismo radical, contrário à intervenção do Estado no campo dos benefícios sociais (mas não da repressão), estimulando o *workfare* (de *work*, trabalho, e *fare*, estar), isto é, a manutenção do mercado de trabalho e do trabalho para o atendimento das necessidades. O governo conservador de Margaret Thatcher cortou benefícios sociais e subsídios, implantou programas para a manutenção do trabalho e propôs como lema de sua política "o direito a ser desigual", para significar que as desigualdades sociais são questões devidas às diferenças individuais. Já nos Estados Unidos o Estado cobre o acesso à educação, mas impõe inúmeras restrições ao acesso à assistência (limitada aos incapazes) e à saúde (que, em grande parte, é paga). Na França existe uma política especial de subvenção familiar que cobre 84% da população, mas o acesso aos serviços de saúde é dividido em vários organismos. O segurado pode escolher e pagar seu médico, sendo em parte reembolsado pela Previdência Social e contribuindo, em geral, com 25% do custo da consulta. Essa taxa, denominada *bilhete de contenção* (*ticketmo-derateur*), destina-se a frear o consumo de serviços médicos. Os países limitam ou restringem certos acessos conforme as exigências e pressões das forças sociais em presença, do desenvolvimento dos próprios serviços e benefícios e da conjuntura de crise. Atualmente, há mais tendência à restrição que à ampliação dos serviços, tendo em vista a crise econômica e as pressões sociais advindas dos cidadãos que suportam grandes descontos no Imposto de Renda para financiar esse Estado Social. Nos países desenvolvidos, a carga fiscal alcança em torno de 40% da renda.

No Estado do Bem-Estar social, a maior ou menor restrição ao acesso a bens e serviços sociais está articulada ao desenvolvimento do capitalismo e de suas contradições. Nesse contexto, o Estado deve manter os mecanismos do mercado de trabalho e as relações capitalistas de produção ao mesmo tempo que regula as atividades do mercado e da produção e atende à prestação de serviços e benefícios como direito da cidadania. Essa regulação estatal não é, pois, fruto de uma evolução do humanismo, mas das próprias contradições e conflitos de uma sociedade que produz incessantes riscos para a vida das pessoas e o esgotamento da força de trabalho.

Historicamente, o mercado agravou de tal forma as desigualdades inerentes ao capitalismo, concentrando a produção, a renda e o consumo nas mãos de poucos, que o próprio sistema capitalista foi constantemente sacudido por graves crises econômicas e sociais que puseram em risco não só as pessoas e a força de trabalho, como também o próprio capitalismo.

Certas regulações do Estado para controle da economia e do mercado de trabalho foram, então, elaboradas pelos liberais progressistas ou não ortodoxos, para manter o processo global de acumulação da riqueza capitalista e fazer frente às crises econômicas e ameaças sociais. Busca-se assegurar as taxas de lucro dos capitalistas, que historicamente tendem a baixar pela forte disputa entre eles e pelo confronto do capital com o trabalho.

Essa intervenção ou "regulação capitalista" foi economicamente justificada por John Maynard Keynes (1883-1946), um economista inglês. Segundo ele, é preciso uma estratégia estatal de sustentação do pleno emprego dos fatores de produção e da mão de obra para que a demanda ou a procura de bens e serviços seja mantida. Manter a demanda significa, pois, a capacidade de comprar bens e serviços no mercado, com salários suficientes advindos do emprego. Para tanto, Keynes não hesitou em propor o aumento dos gastos públicos, com o fim de dar trabalho aos desempregados e auxílios para estimular a demanda. Keynes, contrariando o *laissez-faire*, ou liberdade individual total na economia, propunha na "Agenda do Estado", ou seja, na política governamental, os serviços tecnicamente sociais que, de acordo com ele, "estão fora do âmbito individual e ninguém adota se o Estado não o faz". Entre essas atividades está o controle da moeda, do crédito, da poupança, da mão de obra e dos juros.

Essa estratégia, definida na conjuntura dos anos 30, consolidou-se na Inglaterra durante a Segunda Guerra Mundial, sendo consubstanciada no relatório presidido por *Lord* Berveridge, o qual leva seu nome. É esse relatório que organiza o sistema completo de "segurança

social" do nascimento à morte. Ele já havia sido prece-
dido na Inglaterra por vários outros relatórios e medidas
que estabeleciam as "leis dos pobres" e determinavam
desde o confinamento dos pobres a uma paróquia (1601)
até seu confinamento em "instituições de trabalho" —
*work house* (1834). Nos Estados Unidos, os seguros sociais
para desemprego e velhice foram introduzidos durante a
grande crise (1935), e o seguro-saúde continua, em grande
escala, nas mãos de empresas privadas. As empresas fazem
convênios coletivos para saúde e aposentadoria comple-
mentar dos empregados. Na França, o sistema assistencial
começou com os asilos e hospitais gerais, sendo que os
seguros foram introduzidos por categorias específicas, em
épocas diferentes.

# AS POLÍTICAS SOCIAIS DOS PAÍSES PERIFÉRICOS

Nos países pobres periféricos não existe o *Welfare State* nem um pleno keynesianismo em política. Devido à profunda desigualdade de classes, as políticas sociais não são de acesso universal, decorrentes do fato da residência no país ou da cidadania. São políticas "categoriais", isto é, que têm como alvo certas categorias específicas da população, como trabalhadores (seguros), crianças (alimentos, vacinas), desnutridos (distribuição de leite), certos tipos de doentes (hansenianos, por exemplo), através de *programas* criados a cada gestão governamental, segundo critérios clientelísticos e burocráticos.

*Na América Latina, o benefício não é um direito do cidadão, mas um favor concedido em troca de votos.*

Na América Latina, há grande diversidade na implantação de políticas sociais, de acordo com cada país. Hoje todos eles possuem um sistema de seguros sociais e certos programas de assistência a categorias de pessoas chamadas *carentes*. No entanto, o acesso a tais programas é limitado por inúmeras condições que obedecem a critérios estabelecidos pelos agentes governamentais, pelo clientelismo e favoritismo político e por certas pessoas dos programas sociais e é permitido a outras, dependendo das circunstâncias. Portanto, esses programas não significam uma garantia permanente e segura de um direito incontestável.

A assistência varia conforme a prioridade dada aos recursos do governo, aos arranjos políticos, às conjunturas eleitorais e não consegue sequer abranger os que passam fome permanentemente. Todas essas políticas estruturam-se em corredores de acesso diferentes, de acordo com as classes e camadas sociais que vão do muito ruim ao muito bom. Os serviços melhores implicam parâmetros elevados, já que se encontram em mãos de empresas lucrativas particulares. Por exemplo, o atendimento médico se estrutura em níveis de qualidade muito variados: os serviços privados sofisticados destinam-se aos ricos, e os serviços públicos, de nível inferior, aos pobres. Criam-se, assim, canais e corredores de acesso muito diferenciados pela quantidade e pela qualidade. O mesmo acontece com os sistemas educacional, habitacional e previdenciário. Não existe, pois, um sistema de bem-estar com acesso gratuito, igual e aberto a todos os cidadãos.

Na América Latina, há uma combinação dos serviços públicos e privados de tal forma articulada que os últimos, às vezes, incrustam-se no próprio sistema público, valendo-se de grandes convênios, alianças, amizades, empregos e subornos para conseguir as vantagens dos benefícios governamentais. No sistema previdenciário brasileiro, algumas fraudes estão aparecendo constantemente na imprensa, mostrando, por exemplo, a inadimplência de empresários no pagamento das contribuições, a concessão de convênios com critérios eminentemente político-partidário-pessoais, além da cobrança ao governo de serviços médicos particulares que não foram efetivamente prestados.

Nessas condições, não prevalece o direito de acesso universal do cidadão aos serviços, mas um sistema clientelístico de *favores e vantagens*. Os benefícios surgem como uma vantagem pessoal, como favores do Estado, e quem os obtém parece ficar devendo uma obrigação a quem os presta. Essa obrigação pode significar até o atrelamento do voto em futuras eleições.

O modelo de serviços sociais da América Latina não leva em conta um ordenamento liberal de acesso garantido em lei, generalizado à cidadania e com opções, ao menos teóricas, de escolha de serviços, mas implica um sistema de integração e exclusão controlada de certos grupos e categorias da população.

Tanto nos países onde predomina o chamado *Welfare State* como na América Latina, articula-se o acesso aos direitos, benefícios e serviços do Estado de acordo com a combinação das categorias *pobre, cidadão* e *trabalhador*, conforme as correlações de força, as crises e a necessidade de legitimação das medidas sociais. O cidadão pobre tem apenas *certos* direitos iguais aos ricos; porém, para manter sua subsistência e o processo de produção de riquezas, é preciso que seja *trabalhador*, isto é, que venda sua força de trabalho ao capitalista, o que exige uma análise mais detalhada das relações entre a economia e as políticas sociais.

# POLÍTICAS SOCIAIS E PRODUÇÃO CAPITALISTA

Os mecanismos políticos de prestação de benefícios, de acesso aos serviços estatais, de estabelecimento de direitos ou mesmo de concessão arbitrária de assistência não constituem atos isolados do Estado ou iniciativas individuais de deputados, senadores e ministros. Estes podem propor novos benefícios à população ou modificações nas políticas existentes até para angariar votos ou prestígio político, mas as propostas e as medidas aprovadas ou transformadas em lei se inscrevem num contexto complexo de pressões das várias classes sociais e nos limites estruturais da economia. Um deputado ou um ministro, para ver seu projeto aceito e implantado, deve levar em conta não só as forças existentes no Poder Legislativo, mas as condições econômicas do país. A legislação social implica benefícios, mas também encargos, contribuições, impostos e taxas. Implica investimentos e despesas com pessoal, acarretando custos elevados para ser posta em prática. As leis sociais mexem, portanto, com os custos dos produtos consumidos, com os salários, com as relações de produção.

A Previdência Social, por exemplo, exige contribuições dos assalariados, encargos para as empresas e custos para o consumidor, pois as empresas transferem seus encargos para os produtos, envolvendo toda a economia do país.

As políticas sociais são, assim, formas e mecanismos de relação e articulação de processos políticos e econômicos. Os processos políticos de obtenção do consentimento do povo, da aceitação de grupos e classes e de manutenção da ordem social estão vinculados aos processos econômicos de manutenção do trabalhador e das relações de produção das riquezas.

Através de políticas sociais, como a Previdência Social, o *trabalhador* repõe certos desgastes de sua força de trabalho, obtém *benefícios* que contribuem para a *reprodução de seus filhos* ou para sua manutenção quando estiver temporariamente excluído do mercado de trabalho. É por isso que se afirma que as políticas sociais constituem mecanismos de reprodução da força de trabalho.

Essa reprodução se inscreve nas relações sociais de produção de trabalho. O trabalhador que produz mercadorias ou serviços também produz suas condições de sobrevivência através do salário que recebe e gera riquezas que são apropriadas pelos capitalistas. Estas relações sociais de exploração são o fundamento da sociedade capitalista. O capital se valoriza através da exploração da força de trabalho que não recebe por tudo que produz. A acumulação de capital é este aumento incessante de riquezas, apropriadas por aqueles que possuem os meios de produção da riqueza (máquinas e instalações), ou seja, os capitalistas.

A existência da relação social de exploração é, portanto, a condição do processo de acumulação. E, consequentemente, torna-se fundamental manter o trabalhador vivo e produtivo para que essa relação se perpetue.

O trabalhador e sua família precisam alimentar-se, vestir-se, morar, estudar, cuidar da saúde para colocar-se em condições de trabalhar e produzir riquezas. A vida e o trabalho não são, assim, questões individuais, mas situações coletivas e sociais que garantem a possibilidade e a efetividade da acumulação. As condições sociais da sobrevivência vão além dos limites da empresa e dos interesses capitalistas particulares e passam a relacionar-se com o próprio processo de sustentação do capital. Torna-se necessária, então, uma regulação geral da reprodução do trabalhador que se realiza através da intervenção do Estado. As políticas sociais estatais não visam, pois, atender aos vários capitalistas e empresários, mas a tornar disponível e operável a mão de obra para qualquer setor e em condições razoáveis. A Previdência Social, por exemplo, oferece benefícios aos segurados independentemente da empresa em que se empreguem, sendo-lhes possível transitar de um estabelecimento para outro. Desse modo, a Previdência garante a mobilidade da mão de obra e sua manutenção quando ocorre a perda da capacidade de trabalho.

Os trabalhadores, por sua vez, têm interesse em valorizar ao máximo sua força de trabalho, desenvolvendo lutas e greves para aumento de salários e benefícios e melhoria de seus meios de vida. As organizações sindicais ou partidárias dos assalariados buscam pressionar os capitalistas e o Estado para atender a seus interesses, desenvolvendo o conflito de classes da sociedade capitalista. Aos capitalistas não interessa a permanência do conflito aberto que perturbe a produção e possa levar ao questionamento da própria' "ordem social", ou seja, das relações de exploração. Nesse confronto é que os trabalhadores e seus aliados conseguem melhorar as condições de vida e de trabalho, com a obtenção de serviços e benefícios de saúde, previdência e assistência que são regulados pelo Estado nos limites estruturais das relações de produção. Os gastos estatais na área social compensam, assim, certas perdas e desgastes da força de trabalho e possibilitam sua reprodução num nível que ao mesmo tempo garanta a produção e a paz social e não modifique a relação fundamental entre os donos dos meios de produção e os assalariados. Uma parte da riqueza produzida pelo próprio trabalhador é a ele destinada pela pressão das lutas sociais. Às lutas por salário somam-se aquelas pela moradia, pela saúde, pela educação e pela aposentadoria.

A dinâmica conflitiva e contraditória da produção leva os capitalistas a mudarem suas técnicas para economia de mão de obra e aumento de produtividade, fazendo-se face ao mesmo tempo à luta entre capitalistas e trabalhadores e à luta entre os próprios capitalistas nacionais e internacionais. A luta intercapitalista acarreta também a concentração das empresas, a centralização de decisões e formação de conglomerados cartéis. Os conglomerados aglutinam empresas de diferentes ramos ou níveis sob um só controle e os cartéis são associações de empresas diferentes para obtenção de vantagens.

Esses mecanismos complexos visam conter a queda da taxa de lucro e tirar o máximo da combinação trabalhador/instrumento de trabalho. Nem todos os setores da produção capitalista se modernizaram ao mesmo tempo, diferenciando-se as formas de manutenção da força de trabalho e as políticas sociais. A Previdência Social, por exemplo, mantém as aposentadorias e benefícios diferenciados conforme os salários: quem ganha mais recebe mais.

As políticas sociais se desenvolvem em articulação com a inclusão, a reprodução e a exclusão da mão de obra no processo produtivo e com as lutas sociais. O assalaria-mento permitiu o desconto em folha diferenciado por remuneração, a prestação de benefícios temporários de compensação da perda de salário, como o auxílio-doença. Quando o trabalhador é excluído da produção, pode receber, por exemplo, aposentadoria ou seguro-desemprego.

O seguro-desemprego existe na Europa e atende ao trabalhador que se encontra fora da produção, mas serve para manter a ordem social, evitando saques e revoltas, como também para controle da disponibilidade do desempregado para o trabalho, possibilitando a reserva de mão de obra para utilização em momentos de expansão da economia. Além disso, o trabalhador fica em busca de trabalho, submetendo-se às exigências do empregador e a seu lugar de explorado no processo produtivo. As políticas sociais não rompem o vínculo entre trabalho e benefícios sociais. Ao contrário, elas consolidam e articulam esse vínculo, mesmo para aqueles que se encontram fora da produção.

O vínculo entre o conjunto da produção e o conjunto da força de trabalho não pode ser garantido pelas empresas particulares. Elas agem como empreendimentos voltados para seus objetivos de expansão e lucro, e até podem criar benefícios especiais para seus empregados, como creches e assistência médica. Esses benefícios diferenciados aumentam os custos da mão de obra, e nem todas as empresas podem suportá-los, encarecendo seus produtos. A reivindicação por benefícios, em cada empresa isolada, também gera greves e conflitos. Somente o Estado pode gerir relações entre o conjunto da produção e o conjunto da força de trabalho, pois ele representa a organização geral da sociedade e o poder de se impor a ela pela força ao mesmo tempo que é reconhecido e legitimado pela sociedade.

A forma pela qual o Estado estabelece e desenvolve esse vínculo entre o conjunto da produção e o conjunto da força de trabalho varia conforme as conjunturas, os momentos históricos, as correlações de força. Podemos destacar, no entanto, que o Estado incorpora, no plano político, o atendimento de um mínimo de condições de reprodução do conjunto da força de trabalho e de institucionalização dos conflitos sociais. Esse mínimo não afeta as relações de exploração e ainda oferece as mesmas condições para todas as empresas, contribuindo para a pacificação das relações entre as classes. Essa articulação *política* do processo produtivo se realiza através de lutas e pressões de diferentes forças sociais que se manifestam interessadas na questão em jogo. Tanto os empresários como os banqueiros, os trabalhadores, os aposentados e os políticos têm interesse na questão da Previdência Social.

Os empresários pressionam por custos mais baixos e serviços vinculados à empresa, enquanto os banqueiros exigem pagamento de juros e taxas pelo recolhimento e pagamento feitos aos segurados. Os trabalhadores lutam por um mínimo de contribuição retirada dos salários e um máximo de benefícios. Os donos de hospitais exercem pressões para aumentar os pagamentos dos atendimentos médicos com o mínimo de controle previdenciário. Os políticos propõem benefícios novos de olho nas conjunturas eleitorais, à cata de votos. Essas pressões se baseiam nos interesses específicos de cada força que se manifesta na cena política através de requerimentos, telegramas, moções, reuniões, declarações públicas, manifestações de rua. As forças dominantes articulam *lobbies* ou grupos de pressão pagos para fazer valer junto aos poderes públicos seus interesses particulares.

A relação de exploração entre capital e trabalho se rearticula politicamente nas relações entre Estado e sociedade, pois nas lutas específicas de política social os interesses das diferentes frações do capital e dos vários segmentos de trabalhadores se diversificam. As convergências se produzem de forma diferente em cada conjuntura.

É necessário, no entanto, ter em conta que os empresários, banqueiros e donos de hospitais têm interesses comuns na manutenção do processo de acumulação e, na prática, se articulam rapidamente quando se veem ameaçados pela pressão dos trabalhadores. Estes buscam manter o salário e melhores condições de vida.

Em 1981, quando o governo Figueiredo introduziu aumentos nas contribuições previdenciárias, que passaram de 8 a 10% conforme a faixa salarial, empresários e trabalhadores manifestaram-se contra o aumento. Os banqueiros exigiram o pagamento do débito da Previdência e os políticos do PDS (partido do governo) foram contra a proposta do ministro Delfim Netto de cortar benefícios e aumentar a arrecadação, com medo de perderem as eleições de 1982.

Os empresários puderam repassar o aumento ao custo dos produtos, mas os trabalhadores tiveram maior parcela de seu salário nos cofres da Previdência. Os banqueiros tiveram parte dos débitos saldados. Assim, no conjunto, o maior peso do aumento recaiu sobre os trabalhadores e consumidores, não sendo afetado o lucro patronal e o processo de produção de riquezas.

A política previdenciária, como as demais políticas sociais, inscreve-se nessa articulação complexa de forças e pressões, sem afetar, no entanto, as condições fundamentais do processo de acumulação, garantindo-se a relação do trabalho explorado.

As políticas sociais asseguram a manutenção do trabalho como *forma de vida normal*, isto é, não devem contribuir para desestimular os trabalhadores a viver da venda da força de trabalho e preferir encostar-se em benefícios. Por isso, elas só se efetivam quando o trabalhador perdeu a capacidade de trabalho ou quando ainda não chegou à idade de trabalhar. Os auxílios-doença, as aposentadorias e as pensões são sempre mais baixos que o salário do beneficiário, e auxílio-natalidade e salário-família são contribuições que dizem respeito aos menores.

Manter o trabalhador é uma forma de garantir o trabalho, a relação de trabalho, de forma renovada dentro de um *mínimo indispensável* para a subsistência e de um *máximo aceitável* pelas empresas e pelo governo para que seja repassado ao preço dos produtos e aos impostos pagos pelos cidadãos. Se os encargos sociais sobre a folha de salários forem considerados demasiados pelas empresas, estas terão de substituir homens por máquinas, para reduzir os custos dos benefícios sociais, mas, ao mesmo tempo, gerarão desemprego, insatisfação social e diminuirão a demanda. Os encargos sobre a folha de salários incidem mais sobre as empresas que possuem uma alta taxa de mão de obra em relação ao investimento. Este é o caso dos descontos da Previdência Social e do FGTS, que incidem sobre a folha de salários. Quando a taxação se realiza sobre o faturamento, as grandes empresas que utilizam pouca mão de obra são um pouco mais atingidas que as pequenas empresas. Este é o caso do PIS (Programa de Integração Social) e do Finsocial (Fundo de Investimento Social).

As políticas sociais que não são financiadas com descontos sobre a folha salarial ou sobre o faturamento dependem dos impostos pagos por toda a população. Assim, a assistência social, a educação, a saúde pública e o saneamento dependem do Imposto de Produtos Industriais (IPI), do Imposto de Circulação de Mercadorias (ICM) e do Imposto de Renda (IR). A própria Previdência Social tem parte de seus recursos provenientes de taxas e impostos. No preço dos combustíveis, há uma parcela destinada à Previdência (6% do preço "ex-refinaria" da gasolina).

Esses mecanismos de financiamento incidem sobre o conjunto da classe trabalhadora seja na produção, seja no consumo, inscrevendo-se nas relações capitalistas. Eles, como a assistência, podem não contribuir diretamente para a produção, mas indiretamente influem no consumo e na manutenção da ordem social necessária à produção.

As relações de produção capitalistas não constituem uma esfera à parte do consumo, contudo nelas mesmas se produz o consumo da matéria-prima, de energia e da força de trabalho, além de se processar o desgaste dos equipamentos. Por sua vez, sem produção, não pode haver consumo.

As políticas sociais capitalistas, além de manter o trabalho e não contrariar o processo de lucratividade das empresas, devem garantir o *retorno* ao trabalho da mão de obra incapacitada para seu exercício, como acontece nos casos de doença e acidente. O trabalhador doente e acidentado recebe assistência médica com o objetivo de recuperar-se e voltar à produção. O trabalhador também recebe treinamento para melhorar a produtividade e adaptar-se a novas técnicas. Os critérios de prestação dos benefícios não são as necessidades do trabalhador, mas a *contribuição* e a *incapacidade* de cada um. No caso da Previdência, um trabalhador com maior incapacitação e maior tempo de contribuição recebe maior benefício que um trabalhador com menor incapacitação e menor tempo de contribuição. A assistência é avaliada segundo critérios tecnocráticos e não relativos às necessidades do "beneficiário".

As políticas sociais compreendem não só a reprodução da força de trabalho diretamente ligada à produção, mas também daquela que está excluída do processo produtivo, como as crianças e os velhos, mantendo, no entanto, a sua capacidade de consumir. O próprio Keynes considerava fundamental o estímulo à demanda, através de subsídios do Estado, para manter o mercado e, consequentemente, a produção.

As aposentadorias, pensões e renda vitalícia dos maiores de 70 anos viabilizam o mínimo de consumo por parte dos velhos, enquanto os auxílios em dinheiro ou em alimento garantem o mesmo para os desempregados e as crianças. Ao mesmo tempo, o Estado organiza sistemas de consumo a preços mais baratos para as faixas mais pobres da população, como é o caso da Cobal (Companhia Brasileira de Alimentos). Esses sistemas também servem aos produtores através da compra em massa da produção pelo Estado. Assim, escoam produtos de qualidade inferior, que não entram no consumo das famílias de renda superior, e os excedentes de produção porventura existentes.

As políticas sociais articulam-se com o processo econômico tanto na manutenção do trabalho como no estímulo à demanda global de bens e serviços no mercado.

As políticas sociais se entrosam também com o capital financeiro *pela captação da poupança popular* através das contribuições compulsórias ou obrigatórias dos trabalhadores. No Brasil, os assalariados pagam, obrigatoriamente, a Previdência, o Fundo de Garantia por Tempo de Serviço (FGTS), o Programa de Integração Social (PIS) e o Fundo de Investimento Social (Finsocial), embora nem todos sejam descontados em folha, como o é a Previdência, pois é com a riqueza produzida pelos trabalhadores que as empresas efetuam todos esses pagamentos.

Com esses fundos *obrigatórios* por lei, o Estado arrecada uma grande quantia de dinheiro que não se destina exclusivamente ao pagamento dos benefícios sociais, mas também ao financiamento de investimentos das empresas. O Estado centraliza e controla o dinheiro arrecadado, encaminhando-o, a juros mais baratos, para a capitalização das empresas, como é o caso do PIS e do Finsocial, que é administrado pelo Banco Nacional de Desenvolvimento Econômico e Social (BNDES). Este banco tem por objetivo o financiamento de empréstimos a longo prazo para as empresas. O FGTS, por sua vez, é administrado pelo Banco Nacional da Habitação (BNH), sendo usado na construção de casas e nos empréstimos concedidos pelos agentes financeiros. Uma parcela do dinheiro da Previdência serviu para financiar grandes obras públicas, como a construção de Brasília e hidrelétricas.

A articulação do econômico e do político através das políticas sociais é um processo complexo que se relaciona com a produção, com o consumo, com o capital financeiro.

As políticas sociais nem sempre são executadas diretamente pelo Estado ou pelas agências estatais, mas por meio de convênios e contratos com empresas privadas que passam a oferecer os serviços financiados pelo Estado. Este é o caso de hospitais, escolas, bancos. Os hospitais particulares atendem a clientes da Previdência ou da Assistência Social e cobram do Estado pelo serviço, não raro com margem de lucro. As escolas particulares recebem subsídios e bolsas para certo número de estudantes e os bancos servem de intermediários para vários serviços aos beneficiários, como, por exemplo, pagamentos e cobranças previdenciárias, evidentemente cobrando por eles. Assim, essas instituições mantém seu processo de acumulação de riquezas através da execução de políticas sociais. No entanto, cabe ao Estado a compra de equipamentos sofisticados e de alta tecnologia para oferecer os serviços mais caros e menos lucrativos. Por exemplo, o Instituto do Coração, do Hospital das Clínicas de São Paulo, possui aparelhos especiais que os hospitais particulares não possuem, arcando com os custos mais altos no tratamento dos doentes. As faculdades mais caras, como as de Odontologia e Medicina, são financiadas em sua maioria pelo Estado, e os cursos menos dispendiosos e mais lucrativos são mantidos por empresas particulares.

Como podemos ver, nessa articulação entre o econômico e o político, aqueles trabalhadores (desempregados, doentes, acidentados, velhos) e setores que não são imediatamente produtivos, porque não estão inseridos nas relações de produção de mercadorias, entram no processo da produção capitalista de riqueza, seja pela reprodução. da força de trabalho, seja pela manutenção do consumo, através do entrosamento das políticas sociais com o sistema financeiro e as empresas capitalistas. Nesse processo, garante-se ao trabalhador uma subsistência inferior a seus ganhos no trabalho sem que sejam afetadas as relações de exploração e o contrato de trabalho que as sustentam juridicamente.

No contrato de trabalho, o patrão e o trabalhador aparecem livres para comprar e vender a força de trabalho. Entretanto, o trabalhador deve aceitar as condições do capital para encontrar trabalho e obter um salário para sua subsistência. Esse salário não é modificado nem aumentado pelas políticas, pois elas não afetam o lugar ocupado pelo trabalhador no processo produtivo.

A garantia do contrato de trabalho é o cerne da legislação trabalhista, e ele não é afetado pelas políticas sociais, que, aliás, o confirmam, dividindo e fragmentando as reivindicações dos trabalhadores relativas às suas condições e meios de vida.

Na realidade, as políticas sociais "retiram" do âmbito da fábrica certos conflitos relativos às condições de trabalho. Os confrontos são encaminhados e tratados por órgãos governamentais específicos que despolitizam os problemas cotidianos dos trabalhadores, através de estudos e intervenções técnicas e procedimentos burocráticos e jurídicos. Pelos estudos e intervenções técnicas, as questões relativas às relações sociais da produção capitalista são entregues ao saber de especialistas que dividem, examinam e esmiúçam os problemas dos trabalhadores.

Essa intervenção institucional dilui os conflitos entre patrões e operários a respeito das questões de reprodução da força de trabalho, transformando-as em assuntos individuais, desvinculando os problemas de acidente, doença, incapacitação e invalidez de sua *origem*, ou seja, do processo produtivo, para responsabilizar por eles as próprias vítimas dessa estrutura. Isso reduz a possibilidade de reivindicações e mobilizações dentro dos recintos de trabalho, já que a vítima é atendida fora desses lugares, por exemplo, em hospitais, repartições públicas ou tribunais.

Nas instituições de atendimento ao trabalhador, não se questionam as origens dos problemas dos assalariados, o ambiente que os condiciona, nem as relações que os produzem, contudo, trata-se cada "caso" através da "perícia", relegando-o ao saber e ao sabor de especialistas que examinam individualmente a vítima, e não as condições de produção e de trabalho.

Quando os dirigentes de fábricas contratam especialistas (por exemplo, medidos e assistentes sociais) para atuar dentro dos recintos de trabalho, estes ficam sob o controle direto da administração, podendo oferecer serviços, mas não mudar as condições da produção ou políticas empresariais que são do domínio dos proprietários dos meios de produção.

Quando a vítima é atendida, o problema lhe é atribuído, por exemplo, falta de atenção em caso de acidente, ou falta de cuidados em caso de doença, caracterizando-se a *culpabilização da vítima*, ou seja, considerando-se culpado o trabalhador que sofre as consequências das más condições de trabalho. Desconsidera-se, assim, o que deu origem à perda da capacidade de trabalho.

As políticas de atenção à vítima são consideradas *compensação* ao dano sofrido, segundo padrões estabelecidos por especialistas e tecnocratas que elaboram tabelas que dão um valor monetário (monetarizam) ao corpo do trabalhador, dividindo-o em partes ou doenças que recebem um valor mínimo, muito inferior ao que ele poderia vir a obter com o funcionamento completo de seu corpo. Em realidade, essa compensação não repõe a perda e não vale a pena, mas somente mantém um mínimo de subsistência para o trabalhador, além de validar o sistema de produção no seu conjunto.

As políticas sociais, apesar de aparecerem como compensações isoladas para cada caso, constituem um *sistema político de mediações* que visam a articulação de diferentes formas de reprodução das relações de exploração e dominação da força de trabalho entre si, com o processo de acumulação e com as forças políticas em presença. Para detalhar esse sistema de mediações entre o econômico e o político, destaco as formas de organização e concretização das políticas sociais em quatro grandes sistemas ou complexos. Prefiro usar a palavra *complexo* em razão dos nexos existentes entre os vários modos de articular a subsistência do trabalhador e a acumulação capitalista. Ao desempregado, pobre, excluído do mercado de trabalho, corresponde o complexo socioassistencial. Em torno do trabalhador produtivo e da empresa, organiza-se o complexo socio-industrial. Para prestação de serviços e acesso a bens de consumo individual, forma-se o complexo socio-financeiro, e, para gestão do cotidiano das maiorias urbanas, estrutura-se o complexo urbano-social. Vou falar de cada um deles separadamente, levando em consideração a realidade das políticas sociais dos países da periferia capitalista e, em especial, a do Brasil.

## O complexo socioassistencial

O complexo socioassistencial consiste num conjunto de organismos públicos privados que prestam auxílio aos desempregados, excluídos da produção, aos que não têm rendimento fixo, às crianças, aos velhos abandonados e aos deficientes incapazes de trabalhar. Esses organismos distribuem roupas, alimentos, dinheiro, passagens, bolsas de estudo ou prestam serviços de informação e orientação.

Nos países onde existe o *Welfare State*, essas funções são cumpridas pelo Estado, de forma predominante. Na América Latina, como acontece no Brasil, existe grande quantidade de organizações religiosas e filantrópicas que se encarregam de atender ou "ajudar" as categorias da população proletária acima enumeradas.

A filantropia consiste na institucionalização da ajuda econômica, através da canalização de recursos, a categorias ou pessoas definidas pelos próprios organismos com um caráter humanista, voluntário e de boa vontade. Por exemplo, o Lion's Club, assim como a Legião Brasileira de Assistência, órgão do Ministério da Previdência e Assistência Social, tem um caráter assistencial filantrópico.

Esses organismos públicos e privados têm como clientela a população excluída do mercado de trabalho pelas exigências do processo produtivo. Nas atuais condições da acumulação, essas pessoas estão expulsas do trabalho formal e se encontram no limite da pobreza, sem a possibilidade de manutenção e subsistência no âmbito familiar. Trabalham em biscates, pedem ajuda, vivem da renda obtida pelos filhos menores ou se inserem em grupos que praticam contravenções e crimes para sobreviver. Estão inseridas na periferia das atividades capitalistas, contribuindo para a manutenção de baixos salários, ou podem até ocupar temporariamente trabalhos regulares, como na construção civil em momentos de crescimento econômico.

Em geral, nos países periféricos, a manutenção dessas categorias da população recai sobre as famílias. No entanto, com a pauperização dos trabalhadores, a desagregação do grupo familiar e a falta de empregos pela condição do trabalhador capitalista, as famílias já não possuem meios para sustentar crianças e velhos que sejam desmonetarizados, isto é, que não recebam salários ou benefícios e não tenham dinheiro nem possibilidade de sobrevivência no circuito do mercado capitalista.

Alguns ainda tentam sobreviver pedindo esmolas nas ruas, esquinas, de porta em porta.

Certas circunstâncias podem agravar essa desmonetarização, colocando grande número de pessoas nessa situação, como nos casos de catástrofes, que podem levar populações inteiras ao extremo se não houver medidas de emergência social. Estas não reparam as perdas nem mudam as relações sociais que dão origem à miséria, mas apenas garantem uma sobrevivência imediata. Disto são exemplos certas intervenções adotadas por organismos públicos e privados nas secas e enchentes, em caráter temporário e precário (por isso mesmo chamado *de emergência*), favorecendo na maioria das vezes mais os grandes proprietários, atravessadores e políticos do que as populações carentes. Sem falar nos desvios, roubos e desperdícios que essas "emergências" trazem em seu bojo.

Esse complexo de medidas é instrumentalizado por agentes religiosos, voluntários, assalariados, políticos e profissionais, com subsídios estatais, doações, cobranças de dízimos. No caso do Estado, essa ajuda provém dos impostos, recolhidos em grande parte das classes subalternas com a taxação da produção e da circulação de mercadorias. Assim, paradoxalmente, uma parte do dinheiro obtido pelos pobres reverte ao Estado, através do imposto que está embutido nas mercadorias que consomem. A ideia difundida, até mesmo, pelo papa Leão XIII na Encíclica *Rerum Novarum*, de que os pobres devem receber os supérfluos dos ricos parece na prática estar invertida. Os trabalhadores produzem a riqueza e ainda, quando excluídos da produção, contribuem, com os impostos, para a manutenção do processo de acumulação, como consumidores e contribuintes. Em síntese, são os pobres que financiam seus próprios benefícios.

## O complexo socioindustrial

O complexo socioindustrial não forma um sistema à parte dos outros complexos, pois a passagem da situação de trabalhador produtivo monetarizado a desmonetarizado e vice-versa pode ocorrer no modo de produção capitalista, conforme os movimentos de expansão ou recessão do capital.

A articulação entre a legislação social e o desenvolvimento industrial é um processo bastante intrincado que pode ser Caracterizado como o predomínio da grande indústria sobre os demais setores. É através da concentração e da centralização do capital que a grande indústria se expande, concentrando ao mesmo tempo a mão de obra e o desenvolvimento tecnológico. Contraditoriamente é aí que, pela concentração operária, criam-se as condições para os maiores conflitos entre patrões e operários.

Foi no interior da grande indústria que surgiram as formas de assistência à manutenção da força de trabalho com serviços médicos, seguros e caixas de aposentadoria e pensões. O grande número de assalariados e sua monetarização facilitavam os descontos e a implantação desses serviços. Alguns tomaram a iniciativa de construir casas e até vilas operárias. Foi nos anos 1920 que, no Brasil, a indústria têxtil, a principal do País na época, implantou vários desses serviços. Na estrada de ferro Santos-Jundiaí surgiu a primeira caixa de aposentadoria e pensões, legalmente constituída em 1923.

*Eliminar a estabilidade do trabalhador é uma
forma de estimular a produtividade.*

A essas indústrias, além da concentração, interessava manter a *paz social* e a *lealdade* dos operários para garantir essa mão de obra disponível para o trabalho. As estradas de ferro e as minerações americanas e francesas criaram caixas de aposentadoria e serviços médicos com esses propósitos.

Assim, a política de recursos humanos nas empresas não aparece por acaso, nem pela boa vontade dos patrões. Os patrões se opuseram ferreamente à legislação referente a férias, à redução da jornada de trabalho, ao trabalho da mulher e de menores sob a alegação da liberdade de contrato e da vigilância moral sobre as classes trabalhadoras, que significava o controle da vagabundagem e a exigência da moral no trabalho com vistas a uma maior produtividade.

No entanto, a *concorrência* intercapitalista, as *pressões* operárias e o desenvolvimento *tecnológico* levaram os patrões a articular, através do Estado, formas mais generalizadas de benefícios e seguros para os trabalhadores, em caso de perda da capacidade de trabalho. Assim, entre 1930 e 1936, no Brasil surgiram os institutos de aposentadoria para categorias gerais de trabalhadores, como os ferroviários, marítimos, bancários e industriados.

O desenvolvimento tecnológico (poupador de mão de obra), a concorrência intercapitalista, as pressões sociais de várias forças da sociedade, a necessidade da pacificação dos conflitos industriais e a monetarização dos assalariados levaram à implantação de leis sociais para os *trabalhadores*.

Com o desenvolvimento da tecnologia e a consequente poupança de mão de obra, a articulação entre as medidas de legislação social e as exigências das empresas se fez no sentido de impulsionar a *produtividade*. Um exemplo disso foi a eliminação da estabilidade do trabalhador, a qual prejudicava a rotatividade e a substituição de mão de obra menos produtiva, através da introdução do Fundo de Garantia por Tempo de Serviço (FGTS). Antes do FGTS (1966), o trabalhador não podia ser dispensado após dez anos de serviço, a não ser por justa causa. Hoje, o SUS (Sistema Único de Saúde) faz convênios com as grandes empresas para que os serviços médicos voltem a ser prestados no seu interior ou próximo a elas. Para isso são utilizados os serviços de empresas de medicina de grupo, a fim de que o trabalhador não perca tempo nem se afaste do trabalho para tratamentos de saúde ou volte o mais rápido possível à produção. A política de prevenção de acidentes é um outro exemplo que visa manter a produtividade, pois é mais econômico prevenir acidentes que reparar acidentados.

Não é só em relação ao atendimento que as políticas sociais se entrosam com as empresas, mas também na compra de pacotes tecnológicos, como aparelhos hospitalares, e na compra de serviços através de convênios. Com efeito, a indústria de equipamentos médicos, a de informática, a alimentar e a de medicamentos se veem favorecidas com o desenvolvimento da prestação de assistência médica. Além do mais, muitos hospitais-empresa se constituem para prestar serviços que são pagos pela Previdência Social.

A própria legislação trabalhista contribui para estender ao conjunto das empresas os custos dos benefícios que são cobrados a partir dos salários.

Esse sistema socioindustrial penaliza as pequenas e médias empresas, que arcam com contribuições *per capita* elevadas e não têm condições de implantar equipamentos caros de segurança do trabalho.

## O complexo sociofinanceiro

Não só o capital industrial, mas também o capital financeiro está vinculado às políticas sociais. O capital financeiro compreende o setor que controla o crédito e os juros e, ainda, as financeiras, os bancos e os seguros, sendo estatal ou privado, pois ambas as formas estão articuladas entre si. O setor financeiro vive de empréstimos a juros e de aplicações da poupança ou de dinheiro colocado à sua disposição.

Por exemplo, na constituição dos seguros de acidentes do trabalho, o capital financeiro se interessou em assegurar, como fonte de lucro, certos *riscos* sociais que se desenvolveram com a expansão do capitalismo. A indenização de acidentes era decidida na justiça caso por caso, tornando oneroso, para quem perdia a causa, satisfazer às exigências do processo. Com os seguros de riscos profissionais, além de agilizar os processos, as seguradoras podiam ampliar seus negócios pela expansão do número de segurados, garantindo um mínimo de indenização, fixado em lei, mas sem afetar a empresa e atendendo à urgência do trabalhador, que, com o acidente, fica sem meios de subsistência.

Apesar da intervenção do Estado nos seguros sociais, estes não foram retirados dos grupos financeiros. Nos países capitalistas centrais, os seguros sociais só garantem um mínimo de indenização ou benefício, ficando a critério de sindicatos, grupos, empresas e indivíduos os seguros complementares, controlados pelos grupos financeiros.

Com a deterioração dos benefícios da Previdência Social, pela recessão e pela inflação, houve estímulo à expansão dos seguros privados no Brasil para *riscos* de invalidez, doença, saúde, velhice e morte. Estes são controlados pelos grandes grupos financeiros, como Bradesco, Itaú, City Bank, que têm grande influência no mercado de capitais, inclusive, com o dinheiro arrecadado dos prêmios. Muitas instituições e empresas seguram seus funcionários nesses grandes grupos.

Os seguros sociais, segundo as seguradoras, constituem um meio de levar a população a poupar e entrar no mercado segurador.

Um exemplo marcante da articulação do capital financeiro com as políticas sociais é o que ocorre na prestação dos benefícios previdenciários, como aposentadoria. Os bancos, conveniados com o INPS (Instituto Nacional de Previdência Social), emprestam dinheiro a este, cobrando-lhe juros, evidentemente, quando há falta de depósitos, mas não lhe pagam os juros em relação aos depósitos para pagamento de benefícios. É o chamado *sistema de conta dupla*, que beneficia os bancos e penaliza o INPS.

No entanto, o melhor exemplo da articulação entre o capital financeiro e as políticas sociais é o da política habitacional brasileira, através do Banco Nacional da Habitação, o BNH. O dinheiro arrecadado do FGTS é usado para financiar a construção de casas, através de agentes financeiros. Estes recebem as verbas do BNH e as repassam aos usuários por meio de financiamentos

a prazo, com juros altíssimos. Os aumentos das prestações da casa têm sido superiores aos reajustes salariais.
O controle da política habitacional está, portanto,
nas mãos do capital financeiro. O governo criou um
sistema financeiro que se descolou da realidade salarial
dos mutuários, possibilitando o aumento dos saldos
devedores e das prestações segundo os padrões mone-
tários, com as UPCs (Unidade Padrão de Capital),
cujo valor está desvinculado dos salários e segue o
movimento geral do capital financeiro.

O governo também facilita o crédito para certos
investimentos na área social, mas não há garantia de
que as reduções concedidas não sejam repassadas ao
consumidor, favorecendo-se a construção de edifícios
e a compra de equipamentos para instituições particulares obterem lucros, mesmo sendo registradas como
não lucrativas, como hospitais e colégios.

## O complexo urbano-social

O desenvolvimento da industrialização e da urbanização, pela concentração da indústria, centralização
dos serviços e expulsão do homem do campo, tem
provocado o adensamento populacional nas metrópoles
e cidades médias. Essa concentração gera exigências
de transporte, recreação, espaços culturais, centros de

saúde, além de outros serviços de utilidade pública que implicam a sobrevivência cotidiana, como água, luz, esgoto e segurança pública.

Essas exigências se traduzem na implantação de equipamentos e áreas de lazer, cultura, saúde, como parques, creches, centros de saúde, teatros e outros espaços culturais.

A expansão do capital implica mão de obra e, portanto, casas, creches, cinemas, televisão, centros de saúde que atendam ao trabalhador e sua família no local de residência.

Esses equipamentos de massa vinculam-se à manutenção da força de trabalho, enquanto recuperação de energias e alívio de tensões da vida urbano-industrial, e ao controle de movimentos sociais que se originam da organização da população concentrada. Esta política fica a cargo do Estado, articulando-se, pois, no urbano, o controle social, a expansão do capital e a reprodução da força de trabalho. Com efeito, os equipamentos urbanos de consumo coletivo são implantados em relação ao confronto de forças, favorecendo os bairros burgueses e atendendo secundariamente às pressões populares.

O acesso aos equipamentos urbanos pode ser subsidiado, através da gratuidade da visita a parques e da concessão de reduções nos preços dos transportes e das entradas de teatros e museus. Esses subsídios ao lazer visam reduzir tensões sociais geradas pelo trabalho e os subsídios ao transporte facilitam a mobilidade da mão de obra para os locais de emprego. Isto mostra a vinculação desses serviços e equipamentos ao complexo socioindustrial.

É nas cidades onde se encontra a maioria das instituições de assistência para responder à emigração rural e à miséria urbana gerada no processo produtivo capitalista pela expulsão de mão de obra e baixos salários. Sem renda, o trabalhador e/ou pobre não tem condições de comprar terreno e casa própria, ocupando a periferia urbana com favelas e cortiços.

A política de urbanização, em geral, expulsa os ocupantes de favelas para outras áreas periféricas, pois os favelados nem sequer podem arcar com o preço da luz, água e outras taxas, produzindo-se uma mobilidade espacial da população. Os grandes aglomerados de favelas e cortiços mostram que a questão do solo urbano permanece urgente e conflitiva na sociedade capitalista. A propriedade do solo está na mão de poucos e a demanda de local aumenta continuamente. O equacionamento dessa questão passa pelas políticas habitacionais, que são objeto de luta e pressão de muitas forças sociais, como os agentes imobiliários, os construtores, as empresas. O urbano se tornou um lugar de conflitos permanentes, onde os movimentos sociais pela água, pela luz, pela saúde, pelo lazer, pelo transporte vão conquistando espaço através de muitas lutas.

Neste capítulo, analisei a estreita relação existente entre o processo de acumulação de riquezas e as políticas sociais, assinalando seus limites e funções. Falta ainda considerar mais detidamente a articulação das políticas sociais com o Estado e os movimentos e lutas sociais. A estrutura socioeconômica e contraditória, conflitiva, com interesses antagônicos e opostos. Essas contradições e antagonismos manifestam-se também no plano ou na cena política, através de lutas e enfrentamentos pelo poder, pelo controle das instituições políticas e dos processos e resultados das decisões legislativas, judiciárias e administrativas. Esses processos e decisões estão articulados corri a dinâmica econômica, mas irei considerá-los sob o ângulo das relações Estado/sociedade, o que será objeto do capítulo seguinte.

O Estado não se encontra fora ou acima da sociedade, mas é atravessado pelas forças e lutas sociais que condicionam a articulação das exigências econômicas e dos processos em cada conjuntura.

# VI
# O ESTADO E AS POLÍTICAS SOCIAIS

O processo de acumulação capitalista é resultado de relações contraditórias de exploração e dominação. Estas relações entre capitalistas e trabalhadores implicam a confrontação de interesses opostos na luta entre as exigências dos capitalistas, por aumentar a riqueza, e as necessidades dos trabalhadores, por garantir seus salários e seus meios de vida.

As lutas entre trabalhadores e capitalistas se mediatizam pela organização e mobilização de forças sociais que se constituem em cada momento ou conjuntura tanto na arena política mais geral como na arena das fábricas, das localidades, das instituições. Nessas lutas, nem sempre os capitalistas se apresentam em bloco unido, assim como os trabalhadores. Tanto uns como outros se dividem em facções, camadas e frações. As facções se constituem em torno de líderes e projetos divergentes. As frações apresentam interesses particulares que podem entrar em conflito com outras frações, como demonstram as brigas entre banqueiros e empresários industriais em torno da taxa de juros. As camadas se constituem conforme o peso econômico do setor específico. Por exemplo, hoje, a grande indústria multinacional tem um peso econômico muito maior que as pequenas empresas; os representantes da primeira formam a camada da burguesia multinacional e os das segundas, a pequena burguesia industrial.

Além dessas forças constituídas pelas classes fundamentais do capitalismo, existem composições com as classes médias, formadas pelos pequenos proprietários que trabalham por conta própria e pelos assalariados que detêm postos de mando em função do capital ou de seu próprio saber.

Estas diferentes forças sociais não agem mecanicamente, em blocos e sempre da mesma forma. Há alianças, divisões, pressões e contrapressões. Por exemplo, o regime militar brasileiro que se articulou em torno das multinacionais com o apoio da burguesia nacional e da tecnocracia se desgastou pela repressão, pela corrupção e pela crise econômica e assim se enfraqueceu; e, com a ascensão do protesto e da organização das oposições, foi-se dividindo, permitindo a formação de um bloco democrático administrado politicamente por Tancredo Neves. Esse bloco ganhou apoio de comunistas, socialistas e da massa trabalhadora e, derrotando Maluf, porta-voz da extrema direita e das multinacionais, conseguiu chegar ao governo federal.

Os blocos articulados pelas classes dominantes visam garantir a estabilidade social, a previsibilidade e o controle das relações sociais para gerir o processo de acumulação no seu conjunto. Essa organização da estabilidade, da previsibilidade e do controle só pode realizar-se através do Estado como poder articulador geral da sociedade. O controle dos mecanismos estatais permitem dispor do uso da força e do direito reconhecidos como legítimos. A fabricação de leis, inclusive das leis sociais, refletem a correlação de forças políticas, que, por sua vez, detém o uso da coerção através, principalmente, de aparelhos policiais, militares e judiciários. As instituições de recolhimento, de ensino e de comércio exercem pressões e sanções que se «articulam com o poder repressivo mais explícito.

O Estado organiza o poder e a economia num território determinado, pela mediação de instituições, aparatos ou aparelhos muito diversificados que compreendem a materialização do poder e da gestão econômica. O poder e a gestão do Estado, assim, representam ou aparecem como o interesse geral da nação ou da sociedade, mas se exercem pelo uso da lei (consenso e força) e de inúmeras mediações e organismos que constituem o governo. O governo compreende um conjunto coordenado de pessoas que controlam os cargos de decisão política e dão a direção principal ao Estado num momento determinado.

O Estado e o governo situam-se no cenário internacional, porque o processo de desenvolvimento capitalista é marcado pelas relações entre países dominantes e dominados, de onde surgem formas específicas de acumulação, condicionadas pela relação de forças mundiais que variam em cada conjuntura histórica.

As formas e os processos de elaboração das políticas sociais nos diferentes Estados capitalistas não são, pois, uniformes, estáticos ou permanentes e simultâneos, já que se situam numa correlação de forças internacionais e no processo de articulação do poder e da economia dos diferentes blocos de força que se formam. A análise da conjuntura política ou da correlação de forças num momento determinado é assim fundamental para a compreensão das políticas sociais.

Na correlação de forças existente nos países capitalistas, as classes proprietárias da terra, das fábricas, dos bancos articulam um bloco dominante que tem a direção política da sociedade, ou seja, sua hegemonia, porém não constituem um bloco monolítico, sem rachaduras e divisões. Para manter essa hegemonia, ela deve atender, nas conjunturas em que as forças dominadas se tornem ameaçadoras, a certos interesses das classes populares, mesmo que isso signifique a redução de certas vantagens para alguns parceiros do bloco dominante.

As classes economicamente dominantes também o são politicamente, mas esta dominação é um processo complexo de acordos, concessões, repressões, legitimações. Por exemplo, quando foi implantado o seguro social de acidentes do trabalho no Brasil, em 1967, as companhias de seguro reagiram ao monopólio estatal, contudo foram recompensadas com o seguro obrigatório de automóveis, e os trabalhadores tiveram melhores benefícios e mais garantias por parte do Estado. O bloco dominante se dividiu em relação a essa problemática: parte das companhias de seguro se opuseram ao monopólio de umas poucas, alguns industriais preferiram seguros estatais, mais baratos, e os próprios técnicos do governo se dividiram: por um lado, o Ministério do Trabalho e o da Previdência, a favor da estatização, e, por outro, o Ministério da Indústria e do Comércio, defendendo a privatização.

A correlação de forças é histórica e mutável segundo a organização, mobilização, os recursos e as estratégias das classes ou suas frações em torno da luta por determinados interesses econômicos e políticos, confrontando-se em blocos ou alianças dentro e fora do governo.

Os blocos históricos estão sujeitos a se desfazerem no processo político, podendo surgir novas alianças (que envolvam, de um lado, a maioria dos proletários e parte da pequena burguesia e, de outro, a burguesia e partes da pequena burguesia e do proletariado) segundo a conjuntura e em torno de vários objetos de luta (por exemplo, previdência, reforma agrária, política econômica do governo etc.).

As políticas de saúde, educação, habitação, trabalho, assistência, previdência, recreação e nutrição são objeto de luta entre diferentes forças sociais, em cada conjuntura, não constituindo, pois, o resultado mecânico da acumulação nem a manifestação exclusiva do poder das classes dominantes ou do Estado. Essas políticas não caem do céu, nem são um presente ou uma outorga do bloco do poder. Elas são ganhos conquistados em duras lutas e resultados de processos complexos de relação de forças.

As lutas pela saúde, pela educação, pela habitação, pela previdência atravessam os diferentes grupos das classes dominadas e se traduzem em movimentos bastante diversificados, envolvendo diferentes organizações, como os sindicatos, as associações, as instituições e os partidos. Essas lutas podem ser generalizadas e às vezes representam grandes alianças de interesses. É o caso da luta dos mutuários do BNH, que incluiu tanto operários como desempregados e indivíduos das classes médias. Os movimentos pela saúde podem envolver bairros, cidades e Estados inteiros.

Os interesses dos usuários, nessas lutas, consistem na busca de novos e melhores meios e condições de vida, exigindo do capital o atendimento de reivindicações salariais e/ou outras (saúde, habitação, educação, previdência etc.).

As lutas dos trabalhadores por salários somam-se hoje às lutas dos desempregados por trabalho, às dos camponeses por terra, às dos estudantes por educação, às dos mutuários do BNH por habitação, às dos funcionários públicos por salários, às dos usuários do transporte coletivo por tarifas, às dos ecologistas por meio ambiente e às das feministas pelos direitos da mulher.

O conjunto e a articulação dessas lutas poderia colocar em ameaça a ordem capitalista, já que extrapolariam o âmbito restrito ou local em que o sistema tenta mantê-las. Para evitar a "desordem" ou o questionamento da exploração e da dominação *enquanto exploração e dominação*, o Estado busca conter as lutas pela repressão ou articular respostas específicas e limitadas. No âmbito destas respostas encontram-se o atendimento parcial de reivindicações, a conversação e a negociação, o oferecimento de promessas futuras (algumas até ilusórias) e a divisão das forças consideradas ameaçadoras.

O uso de determinadas estratégias e táticas pelo Estado tem também consequências políticas que necessitam ser pesadas. Assim, o uso indiscriminado da repressão pode indispor a população contra o governo e a concessão de vantagens pode afetar o processo acumulativo. A combinação de várias estratégias e recursos em cada momento é um processo complexo de montagem e desmontagem de jogadas das diferentes forças em presença. Desse modo, na luta dos mutuários entraram em jogo os agentes financeiros, os mutuários, os empresários da construção civil, os depositários do FGTS, os deputados, os ministros e o próprio presidente da República. O Estado usou a conversação, a propaganda na TV e na imprensa, a imposição legal, a ação judicial e até a polícia para controlar as manifestações de rua dos mutuários.

Nas sociedades ocidentais, o desenvolvimento das lutas e a ampliação das funções do Estado na política e na economia tornam as relações entre este e as massas mais multifaceladas. O Estado se apresenta como gestor econômico de empresas, banqueiro, controlador da ordem, publicitário, mediador de conflitos, administrador de benefícios, assumindo funções de repressão, de direção da sociedade e de gestão econômica e social. Nestas funções ele não é estático e imutável, mas é atravessado pelos conflitos da sociedade, utilizando seu poder de articulação geral do processo para tornar os conflitos governáveis e previsíveis. A questão da Previdência Social, por exemplo, interessa a sindicatos e patrões, banqueiros e beneficiários, deputados e técnicos, forças nacionais e internacionais, companhias de seguro e agências de viagem (quando promovem lazer para aposentados).

Às pressões dos sindicatos e beneficiários o Estado responde levando em conta sua articulação com a manutenção do bloco dominante. Assim, frente ao déficit previdenciário (1981 e 1982), os banqueiros pressionavam por mais recursos, os patrões, por menos ônus, os tecnocratas, por mais cortes nos benefícios, certos políticos, por melhor administração, os trabalhadores, por mais benefícios. O governo Figueiredo, sob a orientação do ministro do Planejamento, Delfim Netto, optou por aumentar as contribuições dos segurados e controlar concessão de benefícios, contudo anistiou parte da dívida das empresas e entrou em acordo com os banqueiros para que fossem diminuídas, mas não suprimidas, certas vantagens que obtinham com o dinheiro da Previdência.

As forças de pressão diante do Estado capitalista não são homogêneas nem têm o mesmo peso político, e o Estado não é um juiz neutro diante das pressões.

O Estado se posiciona politicamente de acordo com as forças dominantes, com certa autonomia de dividir e articular os ônus e as vantagens imediatas e de médio prazo entre as forças interessadas na questão. No confronto da Previdência, os bancos perderam um pouco, as empresas tiveram mais ônus, os quais, entretanto, foram repassados ao consumidor, e os trabalhadores e beneficiários tiveram mais descontos, segundo uma escala de salários. Os hospitais foram mais controlados e certos benefícios cortados. Os trabalhadores com menores salários (até três salários mínimos) não tiveram aumento da taxa de contribuição, pois compreendiam a grande maioria dos assalariados que mais pressionavam o governo. Os ônus foram articulados de tai forma a recair mais sobre os assalariados acima de três salários mínimos. O próprio partido do governo (o PDS) propunha uma taxação sobre o faturamento das grandes empresas para atenuar a crise da Previdência, mas o ministro do Planejamento rejeitou a proposta e mais tarde instituiu esse mecanismo para implantar o Finsocial. Aumentou-se a taxação de certos produtos para elevar a arrecadação previdenciária.

No conjunto, o governo tenta transferir os ônus dos programas sociais para toda a população através de impostos ou contribuições repassadas aos consumidores, o que aumenta a carga tributária dos mais pobres, pois pagam a mesma porcentagem de impostos que os ricos. Esta transferência não é automática, mecânica e se situa num processo conflituoso.

A hegemonia dos blocos dominantes se desenvolve no enfrentamento das reações e articulações dos dominados ou subalternos, que se organizam e mobilizam no sentido de questionar e ameaçar a ordem dominante. As ameaças, tornando-se mais articuladas, extrapolam o nível isolado local ou da fábrica e visam não só reivindicações imediatas, mas o poder político, o governo, a mudança das relações entre Estado e sociedade. A estratégia do governo é frear essa articulação maior e manter as lutas populares isoladas umas das outras.

Os trabalhadores e demais dominados, à medida que lutam pelos direitos políticos, pela participação política, aliam as lutas por novas condições de reprodução da força de trabalho às lutas políticas pela cidadania, pela transformação das relações de poder. O bloco hegemônico, para conter as lutas por novas condições de reprodução da força de trabalho e as lutas pelo poder, articula recursos, manobras e alianças visando *diluir* as ameaças, *despolitizar* as lutas, *dividir* e fragmentar os trabalhadores, integrando-os em mecanismos de conciliação obrigatórios, *controlar* seus movimentos e organizações e se fazer aceitar como bom e legítimo. Nesse sentido é que as políticas sociais se inscrevem numa correlação de forças complexas em cada conjuntura.

O bloco no poder, através das políticas sociais, busca atrair para sua área vários segmentos ou setores da população, retirando-os do âmbito de influências dos adversários. Na Alemanha de 1870, por exemplo, frente ao avanço dó movimento socialista, Bismarck implantou o primeiro sistema previdenciário. Na Inglaterra, em 1808, o liberal Lloyd George implantou um sistema de pensões para deter o avanço dos Trabalhistas. No Chile, em 1920, Arturo Alessandri buscou atrair os operários mobilizados com uma legislação previdenciária. No Brasil, só após a greve geral de 1917 surgiu a primeira lei de acidentes do trabalho, promulgada em 1919. Getúlio Vargas, com a criação dos Institutos de Previdência, nos anos 1930, visava à colaboração das classes trabalhadoras com o Estado e os empresários.

As leis sociais não respondem a *todas* as reivindicações dos movimentos sociais, pois são elaboradas numa complexa relação de forças na qual a burguesia exerce pressão para conceder apenas um mínimo de benefícios, com um mínimo de custos. No Brasil, em 1919, os proprietários rurais só aceitaram a lei de acidentes de trabalho para "atrair braços" imigrantes, de outros países, com a condição de que não fossem afetadas as relações de trabalho no campo.

A articulação e o desenvolvimento das políticas e das lutas sociais são condicionadas pelas formas de organização do Estado, isto é, elas se situam numa arena institucional forjada pelo bloco no poder no contexto da correlação de forças sociais. Em grandes linhas podemos distinguir a forma democrática do Estado de direito da forma arbitrária do Estado autoritário ou da ditadura. As democracias e as ditaduras não são formas puras, mas processos concretos que teriam historicamente.

Nos regimes democráticos temos a institucionalização dos direitos do cidadão como sujeito político do poder isto é, com direito a voto e veto na eleição de políticos e programas governamentais. O Estado se curva diante da sociedade, presta contas aos contribuintes e os governantes tomam decisões em função de mandatos de seus representados. Nas ditaduras, ao contrário, o Estado cristaliza o predomínio da força, da repressão sobre a sociedade, sem mecanismos de representação, de cumprimentos de mandatos, de reconhecimento de direitos. Predomina o arbítrio de um grupo que age de acordo com critérios de perseguição aos que consideram como adversários e de favorecimento aos que consideram aliados. Os opositores são considerados inimigos e punidos ao arbítrio dos dirigentes ou comandantes. Este regime predominou no Brasil entre 1964 e 1985 durante o governo militar. Nas ditaduras as lutas sociais são consideradas subversivas já que perturbam a ordem social imposta, e os direitos de protesto, de crítica, de reivindicação, de organização não são reconhecidos, como o são nos regimes democráticos.

Mesmo nas formas mais autoritárias, o Estado não descarta a combinação da repressão com a benevolência ou a concessão de certos benefícios. Ambas manifestam um poder arbitrário, seja o de punir, seja o de doar, como gesto de ostentação do domínio ou da magnanimidade. É assim que os donos da terra, os chamados "coronéis", controlavam os seus subordinados, combinando o uso do pau e do páo. A repressão direta se traduz pela exigência do cumprimento da ordem dada sem contestação, sem perguntas, sem negociação. A exaltação da figura do "doador" se manifesta peio assistencialismo, como manobra de legitimação do poderoso e de divisão dos dominados.

O assistencialismo consiste na prestação de uma ajuda arbitrária, inconstante e vinculada a relações personalizadas entre aquele que "dá" e aquele que "recebe", com ênfase na subordinação do ato de receber. Quem recebe fica devendo favor, fica obrigado a retribuir a doação numa oportunidade qualquer, com serviços, com lealdade ou com o voto de cabresto nas eleições.

Quando o assistencialismo se articula à máquina do Estado, os "doadores" se utilizam dos recursos públicos para construir seu reduto privado de clientes, aparecendo como beneméritos, protetores, benfeitores. Controlam os benefícios concedidos e os próprios beneficiários, configurando-se o clientelismo político. Com esse mecanismo, o autoritarismo é "esquecido" pelos subalternos, que, despojados, não têm a quem recorrer nos momentos de mais aperto a não ser ao doador. Muitos organismos do Estado podem ser inseridos nessa estratégia. A LBA (Legião Brasileira de Assistência), por exemplo, é manipulada, em muitas regiões, para manter o poder de certos políticos locais, com a distribuição dos recursos do Estado a "clientes" políticos.

Esses mecanismos autoritários combinaram-se sistematicamente com o corporativismo durante o primeiro governo de Getúlio Vargas (1930-1945). O corporativismo consistia na articulação da harmonia entre patrões e empregados pela transformação dos sindicatos em órgãos do Estado e pela atribuição a eles de funções assistenciais. Segundo essa política, os próprios trabalhadores seriam instrumentos de prestação de assistência à sua classe, o que institucionalizou o clientelismo e o peleguismo entre os operários. O peleguismo significa a formação de elementos intermediários para amortecer os conflitos entre as classes, assim como os pelegos amortecem os contatos entre o cavaleiro e o cavalo.

Nos Estados tipicamente autoritários, a negociação fica eliminada enquanto reconhecimento do conflito. O Estado estabelece "pacotes" sociais, sem discussão e sem deliberação das forças subalternas, que são desarticuladas pela repressão dominante, embora possam encontrar meios de expressão novos e inesperados para o regime opressor. No Brasil, no pós-64, vários programas ou benefícios foram elaborados como "pacotes" pelos tecnocratas, como o PIS (Programa de Integração Social), o Funrural (Previdência Rural), os CSUs (Centros Sociais Urbanos), o Inan (Instituto Nacional de Alimentação). Este último foi vinculado ao complexo socioindustrial, promovendo a expansão das indústrias de leite em pó, alimentos industrializados. Trata-se de promover a expansão de benefícios que estimulem o consumo de produtos de empresas multinacionais.

Já na forma liberal, *com predomínio do direito*, o Estado institucionaliza mecanismos de negociação das pressões e até torna compulsória ou obrigatória a presença das partes conflitantes sob a égide de aparelhos do Estado. Assim, os consumidores possuem canais para reclamar e defender-se da má qualidade ou fraude nos produtos, os locatários possuem organismos de reclamação e defesa contra os proprietários, que também podem apresentar suas alegações. As leis trabalhistas preveem longas negociações bem definidas por etapas antes de se chegar ás greves, e os tribunais são independentes para punir os agentes do próprio Estado que sejam culpados de ferir os direitos do cidadão.

Nessas condições, a elaboração de políticas sociais passa também por processos de pressões e negociações entre as forças em presença com um relativo aumento na transparência das articulações. Mesmo o governo conservador de Margaret Thatcher, na Inglaterra, que se dispôs a cortar os benefícios sociais, deve apresentar suas propostas no Parlamento, com repercussões na imprensa e na TV e com debates em toda a sociedade. O governo deve prestar contas à população, estar atento às próximas eleições e, para não perder o poder, precisa atender a certas reivindicações da sociedade e manter a divisão das oposições. Aliás, a ascensão de Thatcher está correlacionada com uma profunda crise no Partido Trabalhista (oposição), que acabou por dividi-lo em vários blocos.

As lutas pelas políticas sociais são complexas, pois a própria organização das instituições sociais em vários setores fragmentam e separam os *pobres dos trabalhadores* e dos *cidadãos*, dividindo-os ainda em categorias especiais de velhos, doentes ou acidentados.

Por outro lado, as lutas pelas condições de vida aparecem separadas das lutas políticas, na prática das populações, frente às instituições estatais. Alguns ministros chegam até a dizer cinicamente: "Não discuto esta reivindicação porque ela se tornou política".

Com o tempo, os trabalhadores foram aprendendo a unir suas lutas reivindicativas às lutas políticas e os desempregados também se manifestaram, às vezes de formas mais agressivas, como os saques. Outras categorias institucionalizadas, como os hansenianos, os deficientes, os estudantes, os usuários de postos de saúde, vêm tomando lugar no cenário político através da organização de reivindicações globais para uma sociedade alternativa, questionando a forma de Estado.

Aumentando-se a pressão da sociedade brasileira

como um todo, o bloco do poder busca novos pactos, alianças, para incorporar de forma controlada e parcial as reivindicações das classes subalternas. Produz-se, assim, um processo contraditório de *inclusão* de certas reivindicações das classes subalternas no âmbito estatal e a manutenção de sua exclusão da propriedade e do poder, isto é, a manutenção do processo de acumulação, no seu conjunto, ainda que certos setores capitalistas possam sofrer algumas perdas temporárias. No caso do bônus do BNH, os agentes financeiros tiveram de arcar com uma pequena perda temporária da lucratividade global, visando diminuir a inadimplência e retomar os ganhos a médio prazo.

As formas de luta dos pobres podem ser violentas e expressar-se por assaltos, por exemplo. Isto faz com que o governo não se descuide da manutenção imediata dos pobres, principalmente em períodos de crise, quando aumenta o número de desempregados que podem ameaçar a ordem social. Essas lutas são, então, controladas pela repressão policial direta, que visa imobilizar a população e isolá-la de seus líderes, os quais, em geral, são presos.

Portanto, as manobras e recursos utilizados pelo Estado são dinâmicos e instáveis, dependendo do peso econômico e do peso político que as forças sociais em presença vão adquirindo no processo de luta.

# CRISE ECONÔMICA E POLÍTICAS SOCIAIS

As lutas sociais, os conflitos entre trabalhadores e capitalistas e entre os próprios capitalistas, o envelhecimento dos equipamentos de produção e as mudanças tecnológicas provocam crises no processo de acumulação capitalista. A forma de produção capitalista é contraditória e não consiste num contínuo crescimento da riqueza. Existem ciclos de crescimento e recessão que são inerentes a esse sistema. O capitalismo desenvolve a produção de mercadorias até o limite imposto pelas próprias contradições nele existentes. O limite pode ser o próprio capital, que se desvaloriza pelo tempo e pela concorrência, e a relação de exploração, que leva a lutas por mudanças e a crises de demanda, porque, nesse caso, os salários pagos não permitem aos trabalhadores a compra do que eles mesmos produzem. Gera-se uma superprodução, pois o capitalista não visa o atendimento de necessidades, mas a produção para a troca, para a venda e a obtenção de lucro. A crise capitalista é a combinação da superprodução e do subconsumo, num movimento originário da relação de exploração que produz mercadorias. Na crise de 1930, por exemplo, sobravam automóveis e alimentos e o povo não podia comprá-los. No Brasil, o governo Vargas queimou e jogou no mar milhões de sacas de café, pois os cafeicultores impunham a manutenção de seu preço e de seus lucros.

Nos períodos de crise, ocorre a quebra de muitas empresas que não têm saída para seus produtos e são compradas, a preço inferior, por grandes conglomerados, que, assim, aumentam seus investimentos, concentrando em um número menor de mãos o capital existente.

A crise da periferia capitalista dos países dominados é ainda mais grave, pois estes dependem dos mercados, da tecnologia e principalmente do capital financeiro do centro. A industrialização desses países dominados se fez com uma tecnologia poupadora de mão de obra, isto é, com grandes empresas que utilizam, em termos proporcionais, muito mais equipamentos que mão de obra. Essa estrutura de produção leva à formação de uma grande quantidade de excedente de população para o capital, isto é, de gente que não tem oportunidade de trabalho. No campo, a introdução de máquinas para a agricultura expulsa o trabalhador, agravando ainda mais os problemas de falta de vagas e de excesso de gente para trabalhar.

Essa população excedente e marginalizada do processo produtivo busca a sobrevivência como autônomos, em biscates e subempregos, ocupando espaços nas ruas das grandes cidades com a oferta de mercadorias em pequenas barracas.

Nos momentos de recessão econômica, de crise, há um aumento simultâneo e generalizado do desemprego e da capacidade ociosa das empresas. Há máquinas e gente de sobra, diminuindo-se a produção e o emprego. Nesses momentos, a pressão de assalariados aumenta, isto é, mais gente quer trabalho, e a remuneração do trabalhador. Em consequência, a pobreza também se intensifica.

Quando a recessão é acompanhada de inflação, isto é, de alta dos preços, temos a estagflação. Com menos produção, as grandes companhias, principalmente os monopólios e oligopólios, aumentam os preços para garantir os lucros e os bancos aumentam os juros, além de desenvolver-se a especulação com os produtos e bens disponíveis.

O aumento do exército de desempregados pode gerar violência, pois a fome e a miséria se generalizam. O trabalhador passa rapidamente à categoria de pobre, tornando-se desmonetarizado, sem dinheiro para aceder ao mercado de bens e serviços. Neste contexto, os pobres, vendo a família passar fome, são submetidos a fortes tensões psicológicas; as doenças físicas e mentais causadas pela desnutrição se intensificam.

A grande crise de 1930 levou os Estados capitalistas avançados a adotar *medidas de emergência* para dar *trabalho* e *assistência* à população. A forma de dar trabalho foi o desenvolvimento de obras públicas, como estradas, escolas, praças, redes de água e energia. Nas obras públicas, havia somente um contrato de emergência porque os capitalistas se opunham à intervenção permanente do Estado em certos setores que lhes eram muito lucrativos e para que a mão de obra se mantivesse disponível quando da recuperação econômica. Nos Estados Unidos, de 1930 a 1934, eram votados anualmente orçamentos de emergência para atender aos desempregados, até que Roosevelt implantasse um programa mais consistente de obras e investimentos com o apoio da iniciativa privada.

A assistência, por sua vez, consistia na distribuição de bônus para alimentação e aquecimento (nesse caso, para compra de combustível), estimulando o comércio local. Essas medidas eram acompanhadas de um grande controle dos assistidos, pela concessão de apenas o ínfimo, abaixo do salário mínimo, para manter o estímulo ao trabalho.

Nesse momento crítico é que a questão do desemprego passou a ser vista como estrutura. Até então, o desemprego era atribuído à vagabundagem, ao vício e à preguiça. Como no momento da crise havia um grande número de desempregados manifestando-se nas ruas, os quais poderiam ameaçar a ordem estabelecida, o seguro-desemprego entrou na ordem do dia e foi uma das medidas impulsionadas por Roosevelt, nos Estados Unidos. Por outro lado, para manter a vida e o consumo por parte dos velhos sem trabalho, foi introduzido o regime de aposentadoria e pensões.

A crise de 1930 nos países periféricos obrigou-os à diminuição das exportações (o Brasil queimou milhões de sacas de café) e à renegociação de sua dívida externa. Impulsionou também uma industrialização de substituição de importações. Tendo em vista que a maioria de sua população estava ocupada na agricultura, a crise não afetou tanto o consumo e a produção como a crise atual, que atinge a maioria da população urbana empregada na indústria ou em serviços para sobreviver.

A guerra imperialista de 1939 veio estimular a economia, aumentando os empregos na indústria bélica e ocupando, no combate, milhões de pessoas. No pós-guerra (1946), adotaram-se medidas para reativar o consumo em tempo de paz. As subvenções familiares foram implantadas com esse objetivo em vários países, como França e Canadá, logo após o final da guerra, às vezes por pressão da Igreja Católica, através dos cristãos democratas e/ou eclesiásticos.

A crise atual nos países periféricos, agravada pela dependência do petróleo (cujos preços subiram significativamente em 1973 e 1979) e pela dívida externa, tornou-se um mecanismo de transferência de produtos e de poupança (pagamento de juros e dívida) para os países ricos, empobrecendo profundamente a economia dos países dominados, que se voltaram para as exportações, sacrificando ainda mais suas populações. Expandindo as exportações de grãos, diminuiu-se sua oferta interna, a produção se reduziu, o nível de emprego baixou e promoveu-se o achatamento salarial, com a consequente queda do poder aquisitivo. Em quatro anos (1979-1984), o brasileiro perdeu, em média, um quarto de seu poder de compra.

O achatamento salarial agrava-se ainda mais pela grande rotatividade da mão de obra nas empresas que, antes dos reajustes salariais periódicos, despedem os empregados, para recontratações posteriores a custos menores. Assim, a luta pela manutenção do emprego torna-se uma questão de sobrevivência para o trabalhador.

Por sua vez, os empresários não aceitam negociar uma estabilidade efetiva no emprego, para manter o controle da mão de obra e sua expulsão do trabalho em função da maior lucratividade. Os salários têm representado uma proporção menor dos gastos das empresas, enquanto sobem seus gastos financeiros.

Sem seguro-desemprego e sem assistência garantida, o trabalhador refugia-se no trabalho autônomo, quando possível, e na família, que passa a sustentar novos desempregados. O Estado não desenvolve programas de empregos públicos de emergência e seus órgãos assistenciais não dispõem de recursos suficientes. O resultado disso tudo é menos assistência e maior empobrecimento da população, com o agravamento da fome, da desnutrição e da doença.

É importante salientar que a recessão gera menos receita para a Previdência e para o Estado, implicando violentos cortes no orçamento público, até por exigência dos bancos internacionais. São as áreas sociais as que mais sofrem cortes, porque as prioridades do governo se voltam para os setores de exportação, beneficiados com inúmeras isenções de taxas e impostos. No Brasil, a proporção dos gastos governamentais com saúde, educação, trabalho, assistência e previdência diminuiu 50% no orçamento da União entre 1977 e 1982.

Com a possibilidade de explosão da massa de desempregados, o Estado, receando saques coletivos à propriedade, não descuida da repressão, apesar do que, o número de assaltos tem crescido assustadoramente, nos últimos anos, nos grandes centros urbanos.

Por outro lado, a iniciativa assistencial privada, através de obras de caridade, não pode contar com o apoio das classes médias, que também têm visto seus ganhos diminuídos. Além disso, no Brasil, as grandes empresas não têm interesse em manter, de forma constante e substancial, instituições assistenciais: limitam-se a pequenas contribuições legitimadoras, como os "chás beneficentes", os "natais dos pobres" ou "auxílios aos flagelados" das secas e enchentes.

Para atender a essa população em crise, é necessária uma intervenção maciça do Estado através de mecanismos assistenciais que não se limitem à distribuição de leite em pó à população desmonetarizada. É preciso garantir, por exemplo, a merenda escolar de qualidade nas escolas, sem desvios e sem clientelismos. Em vez de subsidiar exportações e bancos falidos, é preciso subsidiar alimentos básicos e socorrer os famintos e miseráveis, com programações sistemáticas de fornecimento de alimentos, como, por exemplo, projetos de efetiva assistência aos subnutridos, com direitos reconhecidos à merenda escolar, à distribuição gratuita de leite e à compra de produtos alimentares baratos de boa qualidade.

Cabe também ao Estado atuar junto às empresas para garantir estabilidade no emprego, com mecanismos de proibição de demissão em massa, de manutenção do emprego por um período mínimo de um ano, de abertura de novos empregos com a redução de horas extras. Novas frentes e formas de trabalho precisam ser abertas, mesmo em caráter emergencial, pagando-se o salário mínimo.

Todas essas medidas, para que não se tornem pacotes autoritários, precisam ser baseadas num processo efetivo de participação e negociação com os interessados. Isto vai depender, basicamente, da ação das organizações populares que necessitam tornar-se capazes de pressionar o governo e de construir uma nova hegemonia.

As políticas sociais não são formas estáticas de relação entre Estado e sociedade. Os neoliberais propõem, nos períodos de crise, a extinção das medidas sociais e a volta ao mercado de trabalho, sem proteção do Estado, e isto justamente num momento em que os trabalhadores estão mais vulneráveis pela desmobilização decorrente do desemprego e da procura de emprego.

Apesar da crise atual, os capitalistas buscam cortar mais empregos, com o uso de robôs, da informática e dos computadores. Esse corte poderá levar a novas lutas pela redução da jornada de trabalho em vez da redução de empregos.

Por outro lado, a pressão da população jovem também se fará sentir sobre o Estado e as empresas.

A articulação política dessas tendências e contratendências depende da formação de blocos de alianças das forças em presença, com novos recursos e manobras táticas e estratégicas tanto por parte do bloco hegemônico dos dominantes como por parte do bloco contra-hegemônico dos dominados. A contra-hegemonia surge das lutas e das organizações das classes populares articuladas em torno de seus interesses na conquista do poder político/ideológico e econômico. Se não houver mobilização e luta, fortalecer-se-á, ao menos temporariamente, o bloco dominante, o que significará mais cortes nos recursos das políticas existentes. Mesmo que a crise persista. Nesse confronto entre classes antagônicas, novas políticas sociais ou novos mecanismos poderão surgir.

Em síntese, as políticas sociais são formas de manutenção da força de trabalho econômica e politicamente articuladas para não afetar o processo de exploração capitalista e dentro do processo de hegemonia e contra-hegemonia da luta de classes.

# INDICAÇÕES PARA LEITURA

Para aprofundar as questões de política social, aqui indico meu livro *A política social do Estado capitalista* (São Paulo, Cortez, 1985).

Já com uma visão diferente da minha, as questões teóricas da política social são abordadas por Pedro Demo, em seu *Desenvolvimento e política social* (Rio de Janeiro, Tempo Brasileiro, 1978). Demo considera as políticas sociais redução das desigualdades sociais e não as relaciona ao processo de acumulação e à luta de classes.

O livro de Wanderley Guilherme Santos, *Cidadania e justiça* (Rio de Janeiro, Editora Campus,

1979), coloca a política social como equidade ou redução de desequilíbrios, dividindo o "bem-estar social" em vários componentes a partir de "carências" em áreas de saúde, educação, habitação. A função das políticas sociais seria a redistribuição de renda e benefícios sociais. Sua análise das políticas públicas parte do princípio de que há uma quantidade de demandas diferentes que condicionam essas políticas, como a escassez, a mudança do comportamento das elites, a mudança no conteúdo e na quantidade das decisões e a complexificaçao social. Não realiza uma análise das classes e forças sociais.

Hélio Jaguaribe, no livro *Introdução ao desenvolvimento social* (Rio de Janeiro, Paz e Terra, 1979), faz uma apresentação do "projeto liberal" e do "projeto marxista" e mostra em seguida o desenvolvimento social como a relação entre a diversificação e complexidade dos papéis sociais e o processo de participação orientada pelos valores ideais de igualdade e liberdade de uma sociedade não repressiva.

Ao lado dessas abordagens teóricas, existem vários estudos sobre políticas sociais brasileiras, como o de Ângela Maria de Castro Gomes, *Burguesia e trabalho. Política e legislação social no Brasil - 1917-1937* (Rio de Janeiro, Editora Campus, 1979). Analisa a legislação social e trabalhista nesse período.

A Fundação de Economia e Estatística do Rio Grande do Sul publicou (em 1983) o texto "A política social brasileira - 1930-1964", com uma resenha das políticas sociais trabalhistas, de saúde, educação, previdenciária e de habitação no período indicado.

Abordando o período pós-64, existe a resenha feita por Pedro Demo em *Política social nas décadas de 60 e 70* (Fortaleza, Imprensa Universitária, 1981). Outro estudo específico sobre saúde, FGTS, previdência e educação é o de Octavio Ianni — *Ditadura do grande capital* (Rio de Janeiro, Civilização Brasileira, 1981) —, que analisa o quadro geral dessas políticas sob o regime militar autoritário.

Gostaria ainda de lembrar os livros de Luis Werneck Vianna — *Liberalismo e sindicato no Brasil* (Rio de Janeiro, Paz e Terra, 1976) —, e de Kazumi Munakata — *A legislação trabalhista no Brasil* (São Paulo, Brasiliense, Col. Tudo é História) —, para uma visão histórica das políticas trabalhistas.

A respeito das políticas sociais nos países capitalistas dominantes e em especial nos Estados Unidos há, em português, o livro de James O'Connor — *USA: a crise do Estado capitalista* (Rio de Janeiro, Paz e Terra, 1977). Sobre a França, existe a obra de Jean Lojkine — *O Estado capitalista e a questão urbana* (São Paulo, Martins Fontes, 1981).

Sobre a acumulação de capital e política sugiro, entre outros, os textos de Pierre Saiama e Gilberto Mathias — *O Estado superdesenvolvido* (São Paulo, Brasiliense, 1983) — e de Luis Alfredo Galvão — Capital e Estado (São Paulo, Cortez, 1984). Este último livro apresenta as teses de Marx, Lenin e Engels. Para uma visão da relação Estado e capitalismo no Brasil, recomendo o livro organizado por Carlos Estevam Martins — *Estado e capitalismo no Brasil* (São Paulo, Hucitec/Cebrap, 1977).

Sobre a crise econômica, proponho a leitura dos volumes organizados por Luiz Gonzaga Beluzzo e Renata Coutinho — *Desenvolvimento capitalista no Brasil*. Ensaios sobre a crise (São Paulo, Brasiliense, 2 vol., 1983) — e Vicente de Paula Faleiros — *Crise econômica e política social na América Latina* (João Pessoa, UFPB, Mestrado em Serviço Social, 1983, mimeo).

Quase ia me esquecendo de indicar o livro de Claus Offe — *Problemas estruturais do Estado capitalista* (Rio de Janeiro, Tempo Brasileiro, 1984), para quem deseja aprofundar as questões teóricas das políticas sociais numa orientação materialista. O autor trata principalmente das políticas sociais dos países de capitalismo avançado e dominantes, tomando como modelo desse tipo de sociedade os Estados Unidos.

# SOBRE O AUTOR

Não nasci numa clínica particular, nem num hospital do SUS, e sim numa cama de roça, no interior de Minas, onde meu pai capinava feijão e café e minha mãe era professora primária leiga, em 1941.

Trabalhando, consegui fazer o curso de Serviço Social e Direito, além de participar dos movimentos estudantis da época (1962-1964).

Fui técnico do governo do DF e, de 1970 a 1979, fiquei fora do País, trabalhando e estudando no Chile e no Canadá, onde defendi uma tese de doutoramento em Sociologia sobre as políticas de acidentes do trabalho no Brasil.

Sou professor da Universidade de Brasília desde 1984, e gosto de fazer pesquisas nas áreas das políticas sociais e do Serviço Social.

Agradeço a colaboração da Evinha na revisão deste trabalho e a torcida de nossos dois filhos, Álvaro e André.

## Coleção Primeiros Passos
## Uma Enciclopédia Crítica

# Coleção Primeiros Passos
## Uma Enciclopédia Crítica

**Edições Loyola**

**impressão acabamento**

rua 1822 nº 341
04216-000 são paulo sp
**T** 55 11 3385 8500
**F** 55 11 2063 4275
**www.loyola.com.br**